Stephan Meyer-Schürg | Dietmar Bödeker

Feste Steine – lebendiger Glaube

Alte Kirchen

im Kirchenkreis Delmenhorst | Oldenburg-Land

mit Fotografien von Jürgen Woltmann

ISENSEE VERLAG
OLDENBURG

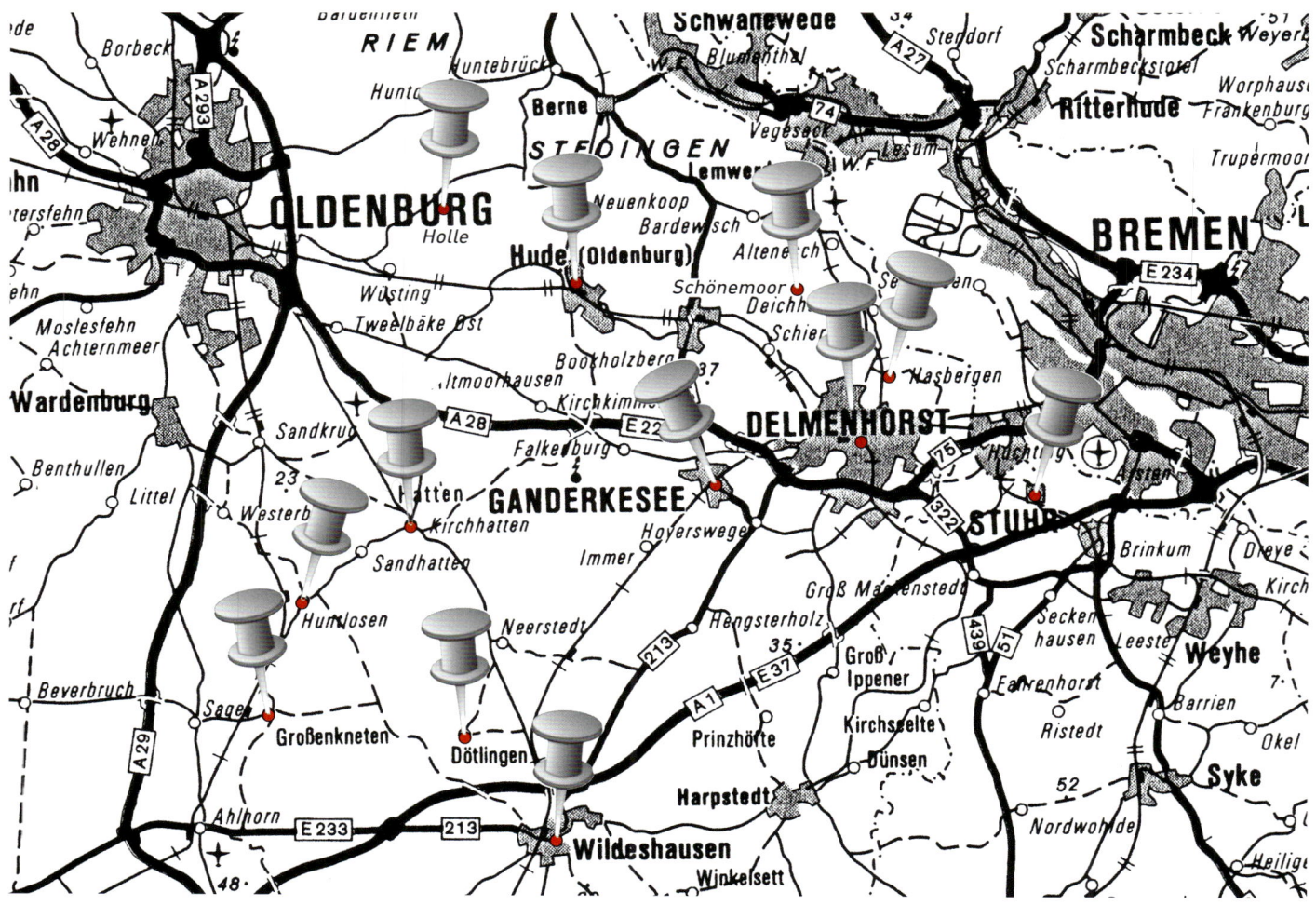

Bibliografische Information Der Deutschen Bibliothek

Die Deutsche Bibliothek verzeichnet diese Publikation in der Deutschen Nationalbibliografie; detaillierte bibliografische Daten sind im Internet über <http://dnd.ddb.de> abrufbar.

ISBN 978-3-89995-719-8

© 2010 Isensee Verlag, Haarenstraße 20, 26122 Oldenburg – Alle Rechte vorbehalten
Gedruckt bei Isensee in Oldenburg

Inhalt

Dietmar Bödeker | Stephan Meyer-Schürg
Feste Steine – Lebendiger Glaube 4

Thomas Meyer
Stadtkirche zur Heiligen Dreifaltigkeit Delmenhorst
Zwischen Grafengruft und moderner Plastik 6

Hartmut Lübben
St. Firminus-Kirche Dötlingen
Die Feldsteinkirche auf der Geest 14

Michael Kalisch
St. Cyprian- und Cornelius-Kirche Ganderkesee
„Ein feste Burg ist unser Gott!" 20

Dietrich Jaedicke | Dietmar Bödeker
St. Marien-Kirche Großenkneten
Eine halbe Kreuzkirche 28

Dietmar Bödeker | Stephan Meyer-Schürg
St. Laurentius-Kirche Hasbergen
Hier konnte ein Has sich bergen 34

Gundolf Krauel
St. Dionysius-Kirche Holle
Die St. Dionysius-Kirche auf dem Sandberg in Holle – benannt nach dem Pariser Bischof Saint Denis 40

Reiner Backenköhler
St. Elisabeth-Kirche Hude
Torkapelle des Klosters „Portus Sancte Marie"
in Hude 46

Michael Ohms
St. Briccius-Kirche zu Huntlosen
Trutzige Weite 52

Wolfgang Martens
St. Ansgari-Kirche Kirchhatten
Von der Sühnekirche zum festen Fundament
einer Gemeinde 58

Susanne Wöhler
St. Katharinen-Kirche Schönemoor
St. Katharinen – zwischen Marsch, Moor
und Geest auf Sand gebaut 64

Dr. Klaus Helbig | Robert Vetter
St. Pankratius-Kirche Stuhr
Asyl für einen Altar 70

Hartmut Berlinicke
Stiftskirche St. Alexander Wildeshausen
Marketing war in allen Zeiten wichtig 76

Abbildungsnachweis 84
Autorenverzeichnis 84

Herr, deine Liebe ist wie Gras und Ufer,
wie Wind und Weite und wie ein Zuhaus.
Aus grünen Wiesen ragen alte Türme,
hell klingt der Schall von Glocken übers Land.

In festen Mauern sind wir gut geborgen,
schon viele vor uns fanden darin Halt.
Fröhliche Lieder klingen Gott zur Ehre,
unsre Gebete steigen zu ihm auf.

An allen großen Tagen unsres Lebens
tut Gottes Haus uns seine Türen auf.
In Freud und Leid trägt christliche Gemeinschaft,
Schönheit der Kirche rührt uns heilsam an.

Und wenn das Leben hier auf Erden endet,
trägt Gottes Liebe uns in seine Welt.
Rund um die Mauern sind die Ruhestätten,
vom Friedhof geht der Blick ins weite Land.

Melodie: Schweden, 1968
Text: Stephan Meyer-Schürg, 2008

„Feste Steine – lebendiger Glaube"

Dietmar Bödeker | Stephan Meyer-Schürg

Fahren Sie manchmal in aller Ruhe über Land? Durch die Marsch und über die Geest? Dann kennen Sie das, wenn schon von weitem der alte Kirchturm des nächsten Ortes zu sehen ist. Das Gefühl, beim Durchschreiten der Kirchhof-Pforte die unruhige Welt hinter sich zu lassen. Und die Bilder und Gerüche, die uns beim Öffnen der schweren Kirchentür entgegenströmen.

Unsere alten Kirchen sind überaus wertvolle Orte, sie sind „ein Stück vom Himmel", mit vielen kleinen und großartigen Kostbarkeiten. Manchmal erkennt man sie nicht sofort und muss sie suchen, die Bilder und Zeichen der Vergangenheit. Sie erzählen die Geschichte unserer Vorfahren, die ihrem Glauben Orte gaben und diese über viele Generationen bewahrt, beschützt und gewandelt haben. Orte, in denen dem Besucher damals wie heute Gott begegnen will. Orte, an denen wir Menschen treffen, die fröhlich ihren Glauben leben. Für die ihre Kirchen viel mehr sind als ein wertvolles kulturelles Erbe. Die sich mit ihren Kräften einbringen und die Kirchen erhalten und mit Leben füllen.

Hier kommen wir zusammen zum Singen und Beten; wir hören Gottes Wort und schöne Musik; wir gehen miteinander durch gute und durch schwere Zeiten. In den festen alten Mauern entfaltet sich ein lebendiger Glaube, der an schönen Tagen diesen festlichen Rahmen sucht und an traurigen Tagen Halt und Trost. In Zeiten von Hektik, Beschleunigung und Globalisierung finden wir hier Heimat, Ruhe und Verlässlichkeit.

Zwölf solcher alten Kirchen gibt es in unserem Kirchenkreis Delmenhorst/Oldenburg-Land. Mit diesem Buch möchten wir Sie mitnehmen zu diesen Häusern Gottes. Mit prächtigen Bildern und mit interessanten Texten, die von Menschen verfasst wurden, die an diesen Kirchen tätig sind. Es kann dabei nicht um Vollständigkeit gehen, sondern wir möchten den Leserinnen und Lesern Lust machen, unsere Gotteshäuser selbst zu entdecken und auf sich wirken zu lassen. Lassen Sie sich von der Begeisterung der Herausgeber ruhig anstecken …

Stadtkirche zur Heiligen Dreifaltigkeit Delmenhorst

Zwischen Grafengruft und moderner Plastik

Thomas Meyer

„Interessant!" – „Ungewöhnlich!" – „Mutig!" – „Hässlich!" Die unterschiedlichsten Reaktionen ruft die Stadtkirche zur Heiligen Dreifaltigkeit in Delmenhorst hervor, wenn Besucher sie das erste Mal betreten. Und gerade das allein schon macht sie sehenswert: vor allem an ihrer Innengestaltung kann man sich reiben. Von außen unverkennbar eine historische Kirche, ist sie von der Größe her einer Stadtkirche angemessen. Wenngleich in der Ausstrahlung schlicht, prägt ihr Turm das Stadtbild mit. Von allergrößter Wichtigkeit für die Stadtgeschichte und nahezu von touristischer Anziehungskraft ist die Grafengruft, die sich in der Stadtkirche unter dem Altarraum befindet. Sie beherbergt die vier zinnernen Schmucksärge der letzten Herrschaftslinie der eigenständigen Grafschaft Delmenhorst. Die interessante Baugeschichte der Kirche über Jahrhunderte lädt zu einer Entdeckungsreise ein. Eine überraschende Entdeckung: aktuelle Themen wie „Sponsoring" und „ökologische Bauweise" gab es schon in Zeiten des Barock bei der Erbauung der Stadtkirche.

Aus der Baugeschichte

Eine erste Kirche in Delmenhorst wurde 1285 als Collegiatstiftskirche „St Marien" durch Graf Otto gegründet. Mit Einführung der Reformation 1545 wurde das Stift durch Graf Anton aufgehoben. Nach 1538 ist dann die

Errichtung einer Kirche an der heutigen Stelle belegt. Der Kirchplatz mit Stadtkirche stellte inmitten des damaligen kleinen Ackerbauerstädtchens den städteplanerischen Konterpart zur Burg Delmenhorst dar. Ab 1614 wurde eine neue Bindewerkkirche gebaut, in deren Gruft das letzte Grafengeschlecht bestattet wurde. Als letzter wurde Christian IX. 1647 dort zu Grabe getragen.

Nach einer Visitation im Jahr 1705 wurde der Kirchturm als „gefährlich baufällig" eingestuft und dann in massiver Steinform 1742 neu gebaut. Die Jahreszahl ist in Eisen noch heute deutlich zu lesen. Dass Bindewerk als eine Form von Fachwerk nur eine begrenzte Lebensdauer hatte, führte 1788 dazu, ein neues ebenfalls massives Kirchenschiff zu bauen. Architekt war Christian Poppe aus Bremen. Wegen notwendiger Schaffung weiterer Sitzplätze für die Gemeinde und wohl auch aufgrund der seit 1903 dominant in unmittelbarer Nachbarschaft neu-gotisch emporragenden katholischen St. Marien-Kirche wurde 1908 der Kirchturm auf eine Höhe von 54 m erhöht und ein separater Chorraum angebaut. Auch innen kam es zu neuen Akzenten. 1967 erfolgte die letzte erhebliche Umgestaltung, allerdings nur im Inneren, dort aber konsequent dem Zeitgeist entsprechend. Die Stadtkirche wurde völlig entkernt und innen neu konzipiert. So haben wir mit dieser Kirche auf einem historischen Platz ein in den Jahrhunderten immer wieder umgestaltetes Gebäude. Es handelt sich um das älteste noch vorhandene Gebäude aus der Zeit vor der Industrialisierung, das heute im Stadtkern – unbeschädigt auch durch die Kriege – besteht.

In der Kirche

Beim Betreten der Stadtkirche durchschreitet man eine große Holzeingangstür mit einer Glasrosette darüber, die 1908 der Glaskünstler Karl Georg Rohde (1874-1959) angefertigt hat. Die Symbole A und O, sowie der Kelch

und die Dornenkrone zeugen davon, wessen Haus man hier betritt. Das Fenster ist in Stuck eingefasst: Die Lutherrose deutet auf den konfessionellen Stand der Kirche hin, dazu beschirmen zwei Engel den Haupteingang. Den Namen der Stadtkirche „Zur Heiligen Dreifaltigkeit" erhielt sie bei der vollkommen neuen Innenausgestaltung 1967. Der Namenszug ist über der Glaseingangstür zum Kirchenschiff zu lesen, gemalt von dem Delmenhorster Kirchenmaler Hermann Oetken. Im Turmraum selbst befindet sich ein Epitaph, eine kleine Steinskulptur, die Christus zeigt, wie er mit Siegesfahne aus dem Grab aufersteht. Die Skulptur ist unvollständig, soll aber mit ei-

In den Jahren seit der Umgestaltung des Innenraumes 1967 sind auch Gemälde wieder in die Stadtkirche zurückgekommen, die in ihren jeweiligen Entstehungszeiten gravierende Bedeutung für die Stadtkirche hatten, weil sie Altarbilder waren. So hängt auf der Nordseite des Kirchenschiffes das Bild eines unbekannten Künstlers, das den gekreuzigten Jesus darstellt und Bestandteil des Altars von 1788 war. Das dazu passende Äquivalent vom auferstandenen Christus ist ebenfalls vorhanden, aber nicht im Kirchenschiff zu sehen. Auf der Südseite des Kirchenschiffes befinden sich zwei Gemälde des mittlerweile sehr in der Kunstwelt geschätzten Fritz Stuckenberg, die 1909 fertig gestellt wurden und die neuen Altarbilder für den angebauten Chorraum wurden. Das

niger Gewissheit aus der Schlosskapelle der ehemaligen Burg Delmenhorst stammen.

Im Turm wie auch im Altarraum befinden sich schöne alte Messingleuchter – so genannte Flämische Kronen – aus den Jahren 1638, 1646 und 1756. Sie sind Zeugen aus der Vorgängerkirche, die Graf Anton II. 1614 errichten ließ. Ebenso zeugt das Kirchensilber der Stadtkirche aus dem 17. und 18. Jahrhundert, das immer noch bei jedem Abendmahl im Gebrauch ist, von der alten Geschichte des Gotteshauses. Interessant ist, dass es auch einen originalen Krankenabendmahlskelch mit Patene aus dem Jahr 1738 gibt, sogar noch mit originalem und originellem Transportbehälter.

| Stadtkirche zur Heiligen Dreifaltigkeit

eine großformatige zeigt „Christus, über den See wandelnd", das andere, kleine zeigt Maria mit dem Kind. Der Altar- und Chorraum, der 1908 bei der Erweiterung der Stadtkirche neu geschaffen wurde, hat in seinem Zentrum heute eine moderne Plastik, die Dreifaltigkeitssäule. Sie wurde von dem Künstler Karl Henning Seemann für den neuen Innenausbau 1967 geschaffen. Die Schwierigkeit, ein komplexes und auch theologisch nicht leicht zu vermittelndes Thema wie die Dreifaltigkeit oder Trinität plastisch darzustellen, hat der Künstler durch gute Interpretationen gemeistert. Um sie sich zu erschließen, braucht es allerdings Zeit und ein gewisses theologisches Hintergrundwissen. Diese Säule ist seit über 40 Jahren Reibepunkt in der Gemeinde zwischen großer Bewunderung und völliger Ablehnung. Sie allein ist deshalb schon einen Besuch der Stadtkirche wert. Eine farbige Ergänzung zur Säule stellen die Altarfenster von Wilhelm Buschulte von 1988 dar. Auch die große Orgel der Stadtkirche ist neueren Datums: 1957 von der Firma Führer gebaut und 1967 der neuen Innenoptik der Stadtkirche angepasst, besitzt sie 2178 Pfeifen und dominiert die große Empore.

Kuriose Geschichte fördert „Sponsoring" und „Ökologische Bauweise"

Wie sich Delmenhorst wohl entwickelt hätte, wenn er nicht vom Pferd gefallen und seinen Verletzungen im Alter von nur 35 Jahren erlegen wäre? Christian IX., letzter Graf von Delmenhorst, hätte die positiven Impulse und Weichenstellungen seiner Eltern, wie die geschickte Führung der Grafschaft durch die Wirren des 30jährigen Krieges, mit Sicherheit ausbauen können. Mit seinem Tod 1647 ist allerdings der Residenzstatus der kleinen Delmestadt und die Zukunft eines der schönsten Weser-Renaissance-Schlösser im Nordwestdeutschen Raum mit Orangerie, Schlosspark und noch vorhandenen beein-

druckenden Burgtürmen besiegelt. Die Grafengruft ist sozusagen die Zeitzeugin eines blühenden Geschichtsabschnitts mit den Schmucksärgen der letzten Delmenhorster Grafenfamilie: Graf Anton II. fand 1619 in der Stadtkirche seine letzte Ruhestätte, seine Frau, Gräfin Sibylla Elisabeth, wurde 1630 an der Seite Ihres Mannes aufgebahrt. 1640 verstarb die Tochter, Gräfin Sibylla Maria, die ebenso wie ihr 7 Jahre später verunglückter Bruder Christian an der Seite der Eltern gebettet wurde. Ohne Bedeutung zu sein, das hatte auch finanzielle Konsequenzen für Delmenhorst. Bezeichnend für die nachlassende Bedeutung der Stadt war auch, dass die Existenz dieser Gruft in Vergessenheit geraten war und erst durch spielende Kinder 1873 wiederentdeckt wurde.

Armut macht erfinderisch. Und so baten die Delmenhorster wohl auch mit Erfolg um Kollektensammlungen für den Turmneubau 1742. Als die Kollekten der Oldenburger Grafschaft nicht ganz reichten, wurden die Gemeinden in Schleswig und Holstein dazu gebeten und sogar die deutsche Kirche zu Kopenhagen – Oldenburg war unter dänischer Herrschaft – hat für die Stadtkirche Delmenhorst gesammelt und gespendet. Mit dieser Methode gelang es auch, den Bau des Kirchenschiffes 1789 umzusetzen. Die Delmenhorster Stadtkirche ist somit also fast komplett „gesponsert" worden, wie es heute heißt. Diese „Sponsoring"-Idee hat die damals Verantwortlichen bewogen, einen kompletten Münstermann-Altar zu zerlegen und in Einzelteilen zu versteigern, um mit dem Gewinn etwas Neues zu schaffen. Dank der „großzügigen" Stiftung des Oldenburger Großherzogs, der damit eine lästige Ruine loswerden wollte, durften die Delmenhorster Bürger die Steine des blauen Hauptturms der Delmenhorster Burg abtragen und wieder verwenden, wenn sie die Abrisskosten selbst bezahlen würden sowie die Burginsel sauber herrichten würden. Dadurch haben ca. 115.000 Ziegel aus diesem geschichtlichen Bauwerk im neuen Kirchenschiff von 1789 Verwendung gefun-

den. Ähnliches war 1742 nötig, als Ziegel aus der Ruine des Klosters Hude beim Turmbau Verwendung fanden. Auch Materialien der Vorgängerkirche wurden verwendet, so dass man heutzutage von ökologischer Bauweise sprechen kann. Damals natürlich aus der Not geboren.

Je länger …, je interessanter …

Die Stadtkirche von Delmenhorst muss man entdecken. Es ist keine Kirche, die von vornherein die Herzen und Sinne erschließt. Aber sie hat eine höchst interessante Baugeschichte mit einer sichtbaren und für Delmenhorst bedeutungsvollen Vergangenheit sowie mit einem jeweils beachtlichen Drang zu Neuem in der jeweiligen Zeitepoche – von den Persönlichkeiten, die in ihr wirkten, wie z.B. im Kirchenkampf Pastor Paul Schipper ganz zu schweigen.

Die Stadtkirche ist eine offene Kirche, in der liebevoll gestaltete aktuelle Kirchenführungsbroschüren genauere Informationen über die Sehenswürdigkeiten geben. Über Aktuelles aus der Stadtkirchengemeinde informiert der mit vier anderen Delmenhorster Gemeinden herausgebene Gemeindebrief „Im Blickpunkt", der auch über www.ek-del.de einzusehen ist. Über den neuen inhaltlichen Schwerpunkt neben der traditionellen Kirchenmusik – die Citykirchenarbeit – ist mehr unter www.citykirche-delmenhorst.de zu erfahren. Auch bei Stadtführungen ist die Stadtkirche mit Grafengruft ein oft angesteuertes Ziel.

St. Firminus-Kirche Dötlingen

Die Feldsteinkirche auf der Geest

Hartmut Lübben

Die St. Firminus-Kirche steht auf einer Anhöhe mitten im Dorf Dötlingen. Sie ist Mittelpunkt der evangelisch-lutherischen Kirchengemeinde Dötlingen, zu der noch weitere 13 Ortschaften im Norden der Wildeshauser Geest zählen. Zahlreiche Besucherinnen und Besucher lassen sich von der tagsüber geöffneten Feldsteinkirche inmitten des malerischen Künstlerdorfes Dötlingens anlocken. Gottesdienste, Konzerte und Kunstausstellungen bieten dabei Möglichkeiten, die Schönheit dieser alten Dorfkirche zu erfahren.

Baugeschichte

Die St. Firminus-Kirche in Dötlingen ist am Rand des Huntetals an erhöhter Stelle erbaut worden. Erstmals erwähnt wird sie in einem Schriftstück von 1270. Erbaut wurde sie allerdings bereits zu Anfang des 12. Jahrhunderts, wahrscheinlich um 1120 (Romanisch I) und vermutlich am Ort einer bis dahin dort befindlichen Holzkirche oder -kapelle. Die Außenmauern dieses frühesten Steinbaues wurden aus Findlingen erstellt, daher zählt man die Dötlinger Kirche zur Gruppe der Feldsteinkirchen. Das Kirchenschiff hatte Ausmaße von 12,4 x 9,5 m mit einem 6 x 7 m großen Chorraum. Im westlichen Teil befanden sich ein Nord- und ein Südeingang. In der Südwand der Kirche ist heute noch einer der Granitblöcke zu

sehen, der als Türsturz diente. Das Dach bestand aus Reet, der Fußboden aus Lehm.

Schon wenige Jahrzehnte später (um 1170) wurde der Bau erweitert (Romanisch II): Der Chor wurde abgerissen und das Langhaus verlängert und eine halbrunde Apsis als Chorraum angebaut. Die Nord- und Südeingänge wurden verschlossen und stattdessen ein Eingang im Westen geschaffen. Vor dem zu diesem Zweck geschaffenen Mauerdurchbruch wurde ein Kirchturm (Höhe heute: 24 m) erbaut. Insgesamt erreichte dieser spätromanische Bau eine Länge von 20 m.

Etwa 100 Jahre später (Mitte des 13. Jahrhunderts) kam es zu einer weiteren Veränderung (Gotik): Die halbrunde Apsis wurde durch einen, den Außenmaßen der Kirche angepassten, Rechteckchor ersetzt. Die Außenmaße der St. Firminus-Kirche wuchsen damit auf ihr heutiges Maß von 31,12 m x 9,61 m an. Das Dach wurde mit Ziegelsteinen erhöht und erhielt eine Eindeckung aus Halbrundziegel (im Volksmund als „Mönch" und „Nonne" bekannt). Der bis dahin nur spärlich ausgeleuchtete Innenraum (es gab lediglich drei kleine romanische Fensteröffnungen) bekam fortan Licht durch den Einbau von gotischen Spitzbogenfenstern: drei an der Ostseite hinter dem Altar und je zwei größere an der Nord- und Südseite des neuen Rechteckchores. Abgesehen von der Vergrößerung eines der romanischen Fenster an der Südseite im 17. Jahrhundert hat sich die Außenansicht der Kirche seit dem 13. Jahrhundert kaum mehr verändert.

Innenausstattung

Der aus Klostersteinen erbaute Altar der St. Firminus-Kirche wurde vermutlich unmittelbar nach der letzten großen Bauphase der Gotik (in der zweiten Hälfte des 13. Jahrhunderts) erbaut und folgte damit der Erneuerung des Chorraumes. Bei Renovierungsarbeiten im Jahr 1947 entdeckte man im Altar einen Natursteinblock, in dessen Aushöhlung sich ein pulverartiger Staub befand, vermutlich Reste einer Reliquie, die wahrscheinlich bei der Einweihung der Kirche im 13. Jahrhundert gestiftet worden war. Im Kontrast zum schlichten Mauerwerk des Altares steht das barocke Altarretabel. Es wurde 1687 von dem Wildeshauser Künstler Kaspar Elmendorf hergestellt.

Das Motiv des ovalen Altarbildes stammt ebenfalls aus dieser Zeit, ist allerdings unbekannten Ursprunges. In (bewusst?) schlichter malerischer Umsetzung stellt es einen evangelischen Gemeindespiegel dar: Zu sehen ist der damalige Innenraum der St. Firminus-Kirche mit Szenen aus dem gottesdienstlichen Leben (Predigt, Taufe, Buße, Abendmahl), durch die Tür tritt Christus selbst ein in

Dötlingen | 17

Dreißigjährigen Krieg führten dazu, dass evangelisch-lutherische Christen aus der ganzen Region ins oldenburgische Dötlingen zum Gottesdienstbesuch stömten. Die letzte Empore wurde 1757 eingebaut, das gesamte Kirchenschiff, einschließlich des Chorraumes war zu der Zeit mit Emporen umgeben, um dem Zustrom an Christen Platz bieten zu können.

Erst anlässlich der Renovierungsarbeiten 1947/48, die durch Kriegsbeschädigungen notwendig geworden waren, entfernte man das Emporengestühl mit Ausnahme der West- und Nordempore. Der damals in vielen Oldenbur-

den Kirchenraum. Am Fuße findet sich die Darstellung der Abendmahlsszene, Hinweis auf die christliche Umdeutung alttestamentlicher Altäre („Opferstätten") zu Abendmahlstischen.

1644 wurde die barocke Kanzel, möglicherweise eine Stiftung des Oldenburger Grafen Anton-Günther, angeschafft und an der Südwand aufgestellt.

Der aus Eichenholz um 1700 entstandene „Taufstein" ist in barocker Nachahmung des Altarretabels angefertigt worden. Seine Messingschale wurde 1948 von dem Dötlinger Karl Bannmüller geschaffen.

Die Emporen der St. Firminus-Kirche wurden mehrfach verändert: Die älteste ist die Orgelempore. Sie entstand 1656 (Spätrenaissance) und bestimmte stilistisch alle weiteren Emporenbauten. Die Konfessionswirren nach dem

gischen Kirchen tätige Delmenhorster Kirchenmaler Hermann Oetken erhielt den Auftrag zur Ausgestaltung des Innenraums. Die noch verbleibenden Emporenbrüstungen wurden mit biblischen Figuren und dem Namenspatron der Kirche, dem Heiligen St. Firminus, malerisch ausgestaltet. Bei der jüngsten Restaurierung der Kirche in den 1990er Jahren blieben die Figuren und Beschriftungen, die farbigen Anstriche wurden entfernt.

Namenspatron

Namenspatron der St. Firminus-Kirche ist der Heilige Firmin, ein Missionar des 4. Jahrhunderts, der erster Bischof von Amien (im Departement Somme, 120 km südlich von Paris) wurde. Im frühen Mittelalter galt Firmin als Schutzpatron der Kinder.

Einladung

Die St. Firminus-Kirche in Dötlingen ist Gemeindekirche, in der sonntäglich Gottesdienste gefeiert werden. Sie ist darüber hinaus auch Raum für Konzerte, Lesungen und vielfältige weitere Veranstaltungen.

Die Gästeführer Dötlingens bieten auch Kirchenführungen an und die zahlreichen Besucherinnen und Besucher Dötlingens schätzen die täglich geöffnete St. Firminus-Kirche, die auch ohne Führung erkundet werden kann.

St. Cyprian- und Cornelius-Kirche Ganderkesee

„Ein feste Burg ist unser Gott!"

Michael Kalisch

Besonders im Winter, wenn die alten Linden vor der Kirche ihre Blätter abgeworfen haben, und der Blick frei ist, auf die mächtige Ganderkeseer Kirche, beeindruckt die Größe und Wuchtigkeit den Betrachter. Geschützt durch die sie umgebende Mauer aus großen Feldsteinen, präsentiert sie sich in der heutigen Zeit wie ein Fels in der Brandung, inmitten eines lebendigen Verkehrsgetümmels.

Die Kirche St. Cyprian und Cornelius, ehemals zentrale Kirche des westlichen Largaus – deshalb wird sie oftmals auch als Gaukirche bezeichnet – ist Mutterkirche von vielen in diesem Landstrich zwischen Weser und Hunte gelegenen Kirchen. Sie ist heute ein täglich geöffneter Ort der Einkehr und Besinnung. Eingebettet in den historischen Kirchhof, übt sie aber auch eine hohe Anziehungskraft auf Besucher aus, die in der Kirche nur ein touristisches Highlight der Gemeinde Ganderkesee sehen. Die gut besuchten Gottesdienste dokumentieren ein aktives Gemeindeleben in der evangelisch-lutherischen Kirchengemeinde Ganderkesee. Viele Einwohner von Ganderkesee mussten sich allerdings erst an die Namensgebung ihrer Kirche gewöhnen, denn bis zum Jahre 1950, als die katholische St. Hedwigs Kirche im Ort eingeweiht wurde, gab es über Jahrhunderte nur eine: de Kark von Gannerseer!

Aus der Baugeschichte

Der Weg von einer kleinen Holzkirche des 9. Jahrhunderts bis hin zur Steinkirche in der heutigen Gestalt war lang. Die baugeschichtliche Wandlung wird in einem übersichtlichen Schaubild im Kircheninnenraum für den Besucher dargestellt. Die erste Steinkirche um 1050 ist wahrscheinlich schon die Hauptkirche des ganzen westlichen Largaus gewesen.

Das große Taufbecken im nördlichen Seitenschiff ist einer der ältesten Gegenstände aus dieser romanischen Zeit. Im Laufe des 14. Jahrhunderts wird die Kirche gründlich umgebaut, um 1450 erhält sie dann ihre bis heute erhalten gebliebene Gestalt. Ihre Bedeutung und die Wichtigkeit dokumentiert ein Eintrag in einem erzbischöflichen Register von 1420, in dem der Pfarrer von Ganderkesee den Titel „Dominus von Ganderkesee" trägt.

22 | St. Cyprian- und Cornelius-Kirche

Die schwersten Schäden wurden der Kirche kurz vor Ende des Zweiten Weltkrieges zugefügt. Ein Brand im Ortskern griff auch auf die Kirche über, der Turmhelm sowie das Dach über der Halle brannten völlig aus. Es hat fast 10 Jahre gedauert, bis alle äußeren Schäden beseitigt waren. Unwiederbringlich verloren jedoch ging bei dem Brand die letzte wertvolle Glocke aus dem Mittelalter, die im Jahre 1492 in Ganderkesee an Ort und Stelle gegossen worden war. Unter großer emotionaler und finanzieller Beteiligung der Bevölkerung konnten im Jahre 1949 drei neue Glocken angeschafft werden, zum Weihnachtsgottesdienst läuteten sie das erste Mal. Und als dann im Jahre 1954 der neue Turmhelm mit einer Kupfereindeckung versehen war, strahlte die Kirche für einige Jahre in besonders hellem Glanze.

In der Kirche

Besucher, die die Kirche durch den fensterlosen Westturm aus dem 13. Jahrhundert betreten, kommen zunächst in einem Raum mit schwerem romanischem Kreuzgrat-Gewölbe. Der Turm stellt sich als in sich geschlossenes Bauwerk dar und beeinflusst nicht den optischen Eindruck des gesamten Kirchenraumes. Über eine kleine Steintreppe führt der Weg hinauf durch einen der beiden romanischen Türbogen in den lichtdurchfluteten dreischiffigen Innenraum.

Sofort fällt der Blick des Besuchers auf den barocken hohen Marmoraltar als Abschluss des Chorraumes, der den gesamten Kirchenraum dominiert. Im Jahre 1744 wurde der gotische Flügelaltar, der noch aus der vorreformatorischen Zeit stammte, durch den Barockaltar ersetzt. Die Familie von Witzleben schenkte der Gemeinde den hölzernen Altar zusammen mit einem großen Bild des auferstandenen Jesus. Der Altar entsprach dem neuen künstlerischen wie auch theologischen Zeitgeschmack.

Schon vor seinem Tode hatte Adam Lewin von Witzleben für sich und seine Frau eine Grabkammer in der ehemaligen Sakristei bauen lassen. Nach dem Zweiten Weltkrieg, bis zum Jahre 1950 wurde die Sakristei der neu entstandenen katholischen Pfarrgemeinde für die täglichen Messfeiern zur Verfügung gestellt. Dieser Raum wurde in den Jahren 2009/10 sorgfältig restauriert. Die

von dem Delmenhorster Kirchenmaler Hermann Oetken im vorigen Jahrhundert freigelegten mittelalterlichen Malereien wurden überarbeitet und der Raum als Andachtskapelle eingerichtet. Hier ist ein Schatz mittelalterlicher Kirchenmalerei gerettet und für die Nachwelt erhalten worden. Mit der ersten Passionsandacht am Aschermittwoch 2010 wurde die Sakristei eingeweiht.

Unermüdlicher Einsatz der Pastoren und der Gemeinde sind nötig, um diese große Kirche zu erhalten und einzelne Teilbereiche hochwertig zu restaurieren und damit für weitere Generationen zu bewahren. Die Hochstühle in der Ostecke des südlichen Seitenschiffes warten seit langem auf eine Renovierung – manche Überraschung, wie die Entdeckung der barocken Kanzelbilder während der letzten Restaurierung, könnten dabei ans Licht kommen.

Als Erfolgsmodell für erhaltende sorgfältige Restaurierung darf

man die Arp-Schnitger-Orgel in Ganderkesee ansehen. Vom Altarraum der Kirche fällt der Blick auf die historische Orgel, in farblicher Harmonie eingefasst von den Emporen, die ab Mitte des 17. Jahrhunderts eingebaut wurden. Der schon damals berühmte Orgelbaumeister Arp Schnitger schuf für die Kirche in Ganderkesee eine Orgel, die schon 6 Monate nach der Unterzeichnung des Kontraktes im Jahre 1699 zur Abnahme bereit war. Der günstige Preis für die Orgel entstand, weil Schnitger zur gleichen Zeit eine Orgel für den Bremer Dom baute und schon damals einen Synergieeffekt erkannte. Die intensive Restaurierung in den Jahren 2003 bis 2005 wurde erschwert durch die Tatsache, dass die Originalpläne bis heute nicht auffindbar sind. Inzwischen erklingt die Orgel wieder wie in der Zeit nach 1760 zur Freude der Gottesdienst- und Konzertbesucher.

Namenspatrone

Ihren Namen hat die Gandekeseer Kirche von zwei Gleichgesinnten: Cyprianus von Karthago ließ sich Ostern 246 taufen und fiel, wie sein Brieffreund, der römische Cornelius, der Christenverfolgung durch Kaiser Valerian zum Opfer. Der Hinweis auf die Namenspatrone wurde bei Renovierungsarbeiten im 20. Jahrhundert gefunden.

Der Teufel muss draußen bleiben!

Es geht die Sage, dass der Teufel in Ganderkesee vorbeischaute, als die Kirche gebaut wurde. Als man ihm auf sein Fragen hin erklärte, dass man ein großes Gasthaus baue, freute sich der Teufel und versprach mit anzupacken. Er schleppte Bäume und Steine heran und half kräftig mit. Als er seinen Irrtum bemerkte, waren die Kanzel und der Altar bereits eingebaut und seine Macht

im Kirchenraum damit gebrochen. Mit großer Wut versuchte der Teufel das Werk von außen zu zerstören, aber es gelang ihm nicht. Heute noch ist sein Hufabdruck in einem Feldstein an der Südseite der Kirche zu sehen.

Offene Kirche

Die St. Cyprian und Cornelius-Kirche ist von Montag bis Freitag von 10-12 Uhr, an Samstagen von 10-12 Uhr und an Sonntagen zu den Gottesdiensten zur Besichtigung und zum stillen Gebet geöffnet. In der dunklen Jahreszeit werden die Öffnungszeiten auf eine Stunde am Vormittag und eine Stunde am Nachmittag reduziert. Die Kirchenöffnung wird ehrenamtlich von Gemeindemitgliedern begleitet.

Konzerte auf der herrlichen Arp-Schnitger-Orgel werden rechtzeitig in der Presse und im Gemeindebrief angekündigt.

Kirchenführer, Postkarten und auch CD's mit Aufnahmen des langjährigen Organisten Peter Elgeti auf der Arp-Schnitger-Orgel sind während der Öffnungszeiten zu erwerben.

Informieren Sie sich einfach über info@kirche-ganderkesee.de über unsere aktive Gemeinde.

St. Marien-Kirche Großenkneten

Eine halbe Kreuzkirche

Dietrich Jaedicke | Dietmar Bödeker

Kaum vorstellbar für uns heute, dass die Hunte einmal Grenzfluss war. Aber zur Zeit Karls des Großen, der sein Reich in Gaue einteilte, war die Hunte Trennungslinie zwischen dem westlich gelegenen Lerigau und dem auf der östlich Seite liegenden Largau. Während der Largau von Bremer Bischöfen verwaltet wurde, war der Lerigau größtenteils den Kirchenherren in Visbek unterstellt. So ist denn die Kirche in Großenkneten auf eine Gründung vom Kloster Visbek zurückzuführen. Wahrscheinlich um 900 wechselte das kirchliche Besetzungsrecht zum Kloster Corvey. Wenig später ging die Verwaltung dann über auf das in der Zwischenzeit gegründete Bistum Osnabrück. Vermutlich erfolgten die ersten Ansiedlungen im Gemeindegebiet Großenkneten um 800. Man geht davon aus, dass bereits um 890 die Kirchengründung in Großenkneten stattgefunden hat. Damit gehört Großenkneten zu den frühesten Kirchengründungen im Oldenburgischen. Auch wird 890 in einem Dokument erstmals „Gnettum" erwähnt, im 11. Jahrhundert wird daraus „Gnydum". Um 1150 lautet die Ortsbezeichnung „Knethe", hundert Jahre später „Kneten", ab 1417 heißt es „Großenkneten", zur Unterscheidung des südlich von Wildeshausen gelegenen Ortes gleichen Namens, der zukünftig „Kleinenkneten" genannt wird.

Baugeschichte

Der erste Kirchenbau in Großenkneten wird aus Holz gewesen sein, aus den Grabungen im Jahre 1959 im Kircheninneren weiß man die Größe: 6,90 Meter mal 7,20 Meter, also nicht besonders groß. Bereits aus der Zeit des 10. Jahrhunderts sind Steinfundamente nachweisbar, was eine Seltenheit für dieses Gebiet darstellt. Festgestellt werden konnte auch, dass im 11. Jahrhundert an die kleine

„Urkirche" ein 13,90 Meter langes und 9,60 Meter großes Langhaus angebaut worden ist, wobei die Urkirche als Chor gedient hat. Zur gleichen Zeit wurde im Westen ein Turm angebaut. Das Baumaterial waren Feldsteine. Dem Zeitgeschmack entsprechend wurde um das Jahr 1300 das Langhaus mit vier Kreuzrippengewölben überdeckt.

In der zweiten Hälfte des 15. Jahrhundert erfolgte eine Erweiterung der Kirche durch den Anbau des Südflügels. Vielleicht war geplant, auch einen Nordflügel anzubauen, so dass eine Kreuzkirche entstanden wäre, jedoch lässt sich nicht nachweisen, dass es einen entsprechenden Nordanbau gegeben hat. Pastor Ernst Wilhelm Meyer beschrieb 1734 deshalb seine Kirche in Großkneten als „halbe Kreuzkirche".

Sicherlich haben Plünderungen und kriegerischen Auseinandersetzungen nach der Reformation dem Kirchenbau so manchen Schaden gebracht, so dass wohl häufig Reparaturen und Ausbesserungen nötig waren. Mehr noch aber hat die stetige Zunahme der Bevölkerung im 17. und 18. Jahrhundert in der Gemeinde und der damit verbundene Anstieg der Gottesdienstbesucherzahlen Baumaßnahmen hervorgerufen, die das Erscheinungsbild der Kirche total veränderten. In den Jahren 1819 bis 1821 wurden die gotischen Gewölbe und die Nordwand des Langhauses abgebrochen und eine höhere Mauer 5 Meter weiter nördlich gesetzt. Die Südmauer glich man in der Höhe entsprechend an, so dass unter dem Dach ein Tonnengewölbe eingesetzt werden konnte. Um eine hohe Zahl an Sitzplätzen zu erreichen, wurden Altar und Kanzel als bauliche Einheit errichtet. 1873 wurde der hölzerne Turm abgebrochen und durch ein steinernes Bauwerk an der Westwand ersetzt, das in der Glockenstube Heimstatt für ein Dreiergeläut bietet.

Ihr heutiges Erscheinungsbild erhielt die Kirche 1959. Durch das Verputzen des Findlings- und Backsteinmauerwerkes im Außenbereich erhielt die Kirche ein damals sicherlich gewollt einheitliches und moderneres Aussehen. Im Inneren bot der geplante Einbau einer Heizungsanlage die Möglichkeit, Grabungen vorzunehmen, die Aufschluss über die Urkirche und die einzelnen nachfolgenden Bauphasen gaben. Die bei diesen Grabungen geborgenen Gegenstände werden in einem damals geschaffenen Kellerraum unter dem Altar aufbewahrt.

In der Kirche

Durch den Abbau der Seitenemporen im Langhaus wurde ein großzügiger heller Gottesdiensraum geschaffen, der später erweitert wurde durch Hinzunahme des Südflügels, der im 19. Jahrhundert als Sakristei und Aufbewahrungsort benutzt worden war.

Betritt man die Kirche durch den auf der Nordseite gelegenen Turmeingang, ist man überrascht von der Helligkeit des Raumes. Die hohen Fenster auf der Nordseite sowie die eng beieinander liegenden Südfenster tauchen den Raum selbst bei trübem Wetter in gutes Licht. Vielleicht ist es auch nur der Eindruck, der entsteht, wenn der Blick des Besuchers sich fast zwangsweise auf das große hinter dem Altar angebrachte Wandgemälde konzentriert. Auf der in dunklen, fast ausschließlich in Blautönen gehaltenen Wandfläche entdeckt man geometrische Formen, die sich bei genauerer Betrachtung in Figuren verwandeln. Mehrere Figuren ergeben Einzelbilder, die wiederum zusammenhängend zwei große Darstellungen ergeben: die Geburt Jesu und sein Leidensweg. Zwischen beiden Bildern sieht man in der Mitte der Wand den überlebensgroßen Weltenrichter Christus. Diese die gesamte fensterlose Ostwand ausfüllende Wandmalerei wurde 1965 von dem aus Steinkimmen stammenden Maler Heinrich Schwarz geschaffen. Heute werden während der Gottesdienste die drei Teile des Bildes entsprechend der Kirchenjahreszeit durch Anstrahlung mit einer modernen Lichtanlage in ihrer predigenden Wirkung hervorgehoben.

Großenkneten | 31

Die Anfang des 19. Jahrhunderts angebrachte Altarkanzel wurde 1959 entfernt und durch einen aus Holz gearbeiteten schlichten Altartisch sowie eine passend dazu angefertigte Kanzel ersetzt. In dieses Ensemble fügt sich ein der aus dem 19. Jahrhundert erhalten gebliebene Taufstein mit Messingschale und Wasserkanne.

Eine Orgel erhielt die Marienkirche verhältnismäßig spät, erst 1853 beauftragten die Großenkneter den Oldenburger Johann Schmid II mit dem Bau einer Orgel. Bereits 80 Jahre später folgte 1933 ein Neubau von der Hannoverschen Werkstatt Furtwängler & Hammer. Dieses leider sehr störungsanfällige Instrument wurde 1981 ausgetauscht gegen eines aus der Werkstatt Weigle im württembergischen Leinfelden-Echterdingen. Kenner heben die gute Intonation und den Wohlklang dieses im Oldenburger Land einzigartigen Instrumentes hervor.

Verlässt der Besucher die Kirche wieder durch den Turmeingang, dann geht er auf ein Buntglasfenster zu, das ein von einem Weinstock umranktes Kreuz zeigt. So wird beim Hinausgehen an Jesu Worte erinnert: *Ich bin der Weinstock, ihr seid die Reben. Wer in mir lebt, so wie ich in ihm, der bringt reiche Frucht (Joh. 15, 5).* Der Vareler Künstler Helmut Gapinski hat dieses Kirchenfenster 1960 geschaffen.

Namenspatrone

Es gibt Hinweise, dass die Kirche ursprünglich unter dem Patrozinium von Sankt Michael gestanden hat. Wann der Wechsel vom Schutzheiligen Michael

auf die Mutter Gottes stattgefunden hat, ist nicht überliefert. Möglich ist, dass im Zuge der mittelalterlichen wachsenden Marienverehrung die Kirche umgewidmet worden ist und der Heiligen Maria geweiht wurde. In der Kirche gibt es keine Hinweise auf ein Patrozinium. Das nahm die frühere Organistin Magda Frühstück 1991 zum Anlass, um eine aus vorreformatorischen Zeit stammenden Marienstatue aus der St. Gallus Kirche in Altenesch (Kirchenkreis Wesermarsch) kopieren zu lassen und diese holzgeschnitzte Kopie der Kirchengemeinde Großenkneten zu schenken. Im ältesten noch erhaltenen Teil der Kirche aus dem 15. Jahrhundert, im Südschiff hat diese figürliche Darstellung der Schutzpatronin einen würdigen Platz erhalten.

Annäherung

Anders als die Nachbarkirchen Huntlosen, Kirchhatten oder Dötlingen gibt sie ihre historischen Kostbarkeiten und Geheimnisse nicht so ohne weiteres preis, die Marienkirche in Großenkneten. Der Besucher entdeckt zwar beim Be-

treten des Kirchengeländes die mittelalterliche, den Friedhof umgebende Feldsteinmauer, er glaubt aber einen Kirchenbau des 18. oder 19. Jahrhundert vor sich zu haben, was wiederum nicht ganz falsch ist. Man muss sich schon ein klein wenig bemühen und sozusagen einen zweiten Blick wagen, um festzustellen, dass man sich in einem Kirchengebäude befindet, das sich auf eine der ersten Kirchengründungen im Oldenburgischen berufen kann. Das Aussehen des Kirchengebäudes hat sich im Laufe der Jahrhunderte stets verändert, je nach Notwendigkeit, Zerstörungen oder Zeitgeist. So entsteht dabei oft etwas Einmaliges. Denn wo gibt es schon eine halbe Kreuzkirche?

Offene Kirche

Die St. Marien Kirche ist eine verlässlich geöffnete Kirche, das heißt ihre Türen werden nur nachts verschlossen. So sind Menschen, die ein Gebet sprechen oder nur die Stille des Kirchenraumes genießen möchten, stets willkommen.

St. Laurentius-Kirche Hasbergen

Hier konnte ein Has sich bergen

Dietmar Bödeker | Stephan Meyer-Schürg

Die Hasberger St. Laurentius-Kirche liegt im Nordosten von Delmenhorst auf einem Stück Vorgeest, das weit in die südliche Wesermarsch hineinragt. Eine solche Erhebung im Gelände war zu Zeiten, als es noch keine Deiche gab, ein wertvoller Zufluchtsort für Mensch und Tier. So erzählt die Sage, dass bei einer vorgeschichtlichen Sturmflut ein Pferd (altdeutsch: Has) an dieser Stelle Schutz suchte, woraus sich der Ortsname Hasbergen erklärt.

Als ältestes Gebäude in Delmenhorst hat die Hasberger Dorfkirche mit ihrer schönen Umgebung heute eine große Anziehungskraft für Menschen aus der ganzen Umgebung. Sie rasten hier auf Radtouren, gehen in Ruhe über den schönen Friedhof und finden in den alten Kirchenmauern Momente der Stille und der Begegnung mit Gott. Und an den besonderen Tagen des Lebens kommen sie, wie schon unsere Vorfahren, mit ihrer Familie hierher um den Segen Gottes zu erbitten und miteinander Gottesdienst zu feiern.

Aus der Baugeschichte

An diesem sicheren Ort, der bis heute gut zwei Meter die Ochtumniederung überragt, erbauten unsere Vorfahren wohl schon vor 1150 eine erste Kirche aus Feldsteinen, Reet und Lehm: Zum Lob Gottes und als Zufluchtsort in der Not. Von diesem romanischen Gebäude sind noch die alten Steine in der Nordmauer zu sehen und die Schallöffnungen im Turm. Auch das Mauerwerk rund um die Tür zwischen Turm und Kirchenschiff, das im Jahre 2009 freigelegt wurde, ist dem ersten Bau zuzurechnen. Dann entschloss man sich die Kirche auf die heutigen Maße zu erweitern und weihte sie 1380 dem heiligen Laurentius.

Der Hl. Laurentius („der mit Lorbeer Geschmückte") war als Diakon im 3. Jahrhundert für die Finanzen und die Armenpflege der christlichen Gemeinde in Rom tätig. Bei einer Christenverfolgung forderte Kaiser Valerian die Herausgabe des Kirchenschatzes. Laurentius jedoch verteilte das Geld unter die Armen und präsentierte diese dem Kaiser als den „wahren Schatz der Kirche". Daraufhin wurde er gefoltert und schließlich am 10. August 258 auf einem eisernen Rost verbrannt. Damit wurde er zu einem der ganz großen Märtyrer der Kirche. Es gibt weltweit sehr viele Kirchen mit diesem Namenspatron.

Überall, wo sich im Mauerwerk Backsteine finden, sind im Laufe der Jahrhunderte Reparaturen oder Veränderungen erfolgt, meistens weil die Kirche durch Sturm, Wasser oder Eisgang beschädigt worden war. So musste die Westseite des Turmes 1690 nach einem heftigen Sturm von Grund auf erneuert werden. In den Jahren 1732 und 1759 wurde das Kirchenschiff stark verändert: An Stelle des Gewölbes wurde eine flache Balkendecke eingezogen und die Südwand wurde neu gebaut. Davon berichtet eine Tafel neben dem Seiteneingang, die auch die an diesem Bau beteiligten Personen nennt. An der Ostseite geben die großen Stützpfeiler, die auch als „Eisbrecher" dienten, Zeugnis davon, wie die Kirche allen Wettern trotzte.

In der Kirche

Sie betreten die Kirche durch den Turm, in dem sich die Gedenktafeln mit den Namen der Toten des Zweiten Weltkriegs befinden. Das Fenster auf der linken Seite ist ein Bild des Kirchenmalers Oetken von 1956, das den Erzengel Michael darstellt.

Im Inneren der Kirche fällt dem Betrachter zunächst die ungewöhnliche, geschwungene Empore auf. Sie wurde 1956 gebaut und bietet mit ihrer großen Fläche nicht nur zahlreiche Sitzmöglichkeiten, sondern auch Raum für Ausstellungen, Musiker oder die Kinder der Kinderkirche. Es gab dort auch schon Sitzungen des Gemeindekirchenrates oder Zusammenkünfte im Anschluss an einen besonderen Gottesdienst.

Im Kirchenschiff ist unter der Orgel eine alte Grabplatte zu sehen. Sie stammt aus der Zeit um 1350 und ist damit wahrscheinlich eine der ältesten in Norddeutschland. Seine lateinische Inschrift lautet übersetzt: „Hier liegt Herr Johannes de Siden, Pfarrer dieser Kirche und er hat diesen Altar gegründet". Johannes de Siden ist in einer Urkunde des Papstes Johannes XXII. 1328 als Pastor in Hasbergen erwähnt. Sein Grabstein wurde dann wohl beim Neubau des Kirchenschiffs 1380 in die Wand eingelassen.

Ein weiterer sehr alter Stein ist vor der ersten Bankreihe der Taufstein aus dem Mittelalter. Man erzählt sich, dass dieser früher als Stuhl auf halben Wege zwischen Delmenhorst und Hasbergen im Ortsteil Schafkoven gestanden haben soll und der Pfarrer, wenn er zu Fuß von Hasbergen nach Delmenhorst unterwegs war, darauf auszuruhen pflegte. Nachdem jede der beiden Kirchen einen eigenen Pfarrer hatte, stand er viele Jahrhunderte draußen vor der Kirche. Im Jahre 1956 wurde er nach drinnen gestellt und als Taufstein umgestaltet.

Die Kirche wurde im Verlauf des 30jährigen Krieges 1633 von protestantischen schwedischen Soldaten ausgeraubt, obwohl Hasbergen seit 1567 evangelisch war. Daraufhin wurden 1638 neue Bänke angeschafft, von denen die alten „Wangen" mit Inschriften zum Teil noch erhalten sind. Darauf findet sich z.B. der Name von Pastor Vollers, der von 1629 bis 1671 rekordverdächtige 42 Jahre hier amtierte. Von ihm stammen auch die ältesten erhaltenen Aufzeichnungen im Pfarrarchiv: Die Kirchenbücher und die Gemeindechronik, sowie Berichte aus seinem Leben.

Ebenfalls 1638 stiftete Graf Christian von Delmenhorst die Kanzel, auf der oben sein Wappen zu sehen ist. Sie wurde 2008 aufwändig restauriert und in den blauen Farben der Barockzeit wieder hergestellt.

Im 19. Jahrhundert hatte die Kirche insgesamt 620 Sitzplätze, mit verschiedenen Emporen auf allen Seiten, wobei viele Familien ihre eigenen Bänke hatten. Dass sie diese dann auch stets benutzten, ist damit nicht gesagt, vielmehr wird der schlechte Besuch der Gottesdienste in Hasbergen und das Schlafen während der früher oft sehr langen Predigt in vielen alten Aufzeichnungen bemängelt. Aus dieser Zeit ist noch der „Plate-Stuhl" erhalten, der im Jahre 2008 restauriert und auf einen Podest gestellt wurde. Das ist die „Loge" der Familie von Gut Hemmelskamp, dem größten landwirtschaftlichen Anwesen in Hasbergen. Er war ursprünglich an der Stelle angebracht, wo heute die Orgel steht, und hatte einen eigenen Aufgang an der Nordseite der Kirche. Heute hat man von hier aus einen erhabenen Blick über den gesamten Innenraum.

Die jetzige Orgel wurde 1972 vom Wilhelmshavener Orgelbauer Alfred Führer gebaut. Noch jünger ist die moderne Beleuchtung, die bei der Renovierung 2007 installiert wurde und die Schönheit von St. Laurentius ins rechte Licht setzt.

Personen und Geschichten

Die Hasberger St. Laurentius-Kirche erzählt mit ihren verschiedenen Elementen ihre eigene Geschichte, und darin immer wieder Geschichten von Menschen, die hier gelebt und gearbeitet haben:

Da ist z.B. die Familie Coldewey, von der eine große Grabplatte neben der vordersten Bankreihe berichtet: Catharina Coldewey war eine Enkelin des bereits erwähnten Pastor Vollers. Sie und ihr Mann starben 1723 innerhalb weniger Tage und hinterließen im Pfarrhaus 10 Kinder. Der älteste Sohn, Gerhard, wurde Nachfolger seines Vaters und ließ 1732 die Südwand der Kirche teilweise neu errichten. Dabei sorgte er dafür, dass der Grabstein seiner Eltern erhalten blieb – und später um seinen Namen und den seiner sehr jung verstorbenen Ehefrau Agnesa ergänzt wurde. Mitglieder dieser Familie stellten somit 120 Jahre lang den Pastor in Hasbergen.

Eine andere Familie sorgt sich heute seit mehreren Generationen um das Erscheinungsbild des Friedhofs, nämlich die Hetebrinks: Johann Hetebrink wurde 1923 als Küster und Friedhofswärter eingestellt und begann damit, den

Friedhof zu gestalten, indem er Wege anlegte und die Gräber nach und nach in Reihen brachte. Dessen Sohn Hans stieg 1930 mit in die Arbeit ein und gab diese an seinen Sohn Jürgen weiter, der Tag für Tag in Friedhof und Kirche arbeitet und bei fast allen der gut 3.300 Grabstellen auswendig weiß, wer dort bestattet liegt.

Johann Hetebrink rettete 1945 den Kirchturm, den deutsche Soldaten am Ende des Krieges sprengen wollten. Er verschanzte sich bei den Glocken und weigerte sich so lange „seinen" Kirchturm zu verlassen, bis die Soldaten abgezogen waren. Als sein Sohn Hans Hetebrink 2003 mit 88 Jahren starb, war er gut 73 Jahre lang für die Gemeinde tätig gewesen. Das Bild, wenn er mit seinem Zylinder einem Trauerzug vorausging, wird in Hasbergen unvergessen bleiben.

Wir laden Sie ein

Die St. Laurentius-Kirche ist täglich etwa von 10 bis 17 Uhr zu Besichtigung und stillem Gebet geöffnet. Sie haben die Möglichkeit Gebetsanliegen aufzuschreiben und Kerzen anzuzünden. Auf Anfrage kann der Glockenturm bestiegen werden. Vorbei am großen Uhrwerk der Turmuhr von 1912 erwarten Sie oben neben einer schönen Aussicht unsere vier Glocken, deren älteste von 1509 stammt. Und unten im Turm können Sie u.a. Bildkarten, Kerzen, einen kleinen Kirchenführer sowie die aktuelle Ausgabe unseres Gemeindebriefes bekommen. Sie werden daran schnell sehen, dass sich in und um St. Laurentius eine lebendige Gemeinde trifft, die im Glauben an Gott und in ihrer alten Kirche Freude, Trost und Segen findet.

Weitere Informationen unter www.kirche-hasbergen.de.

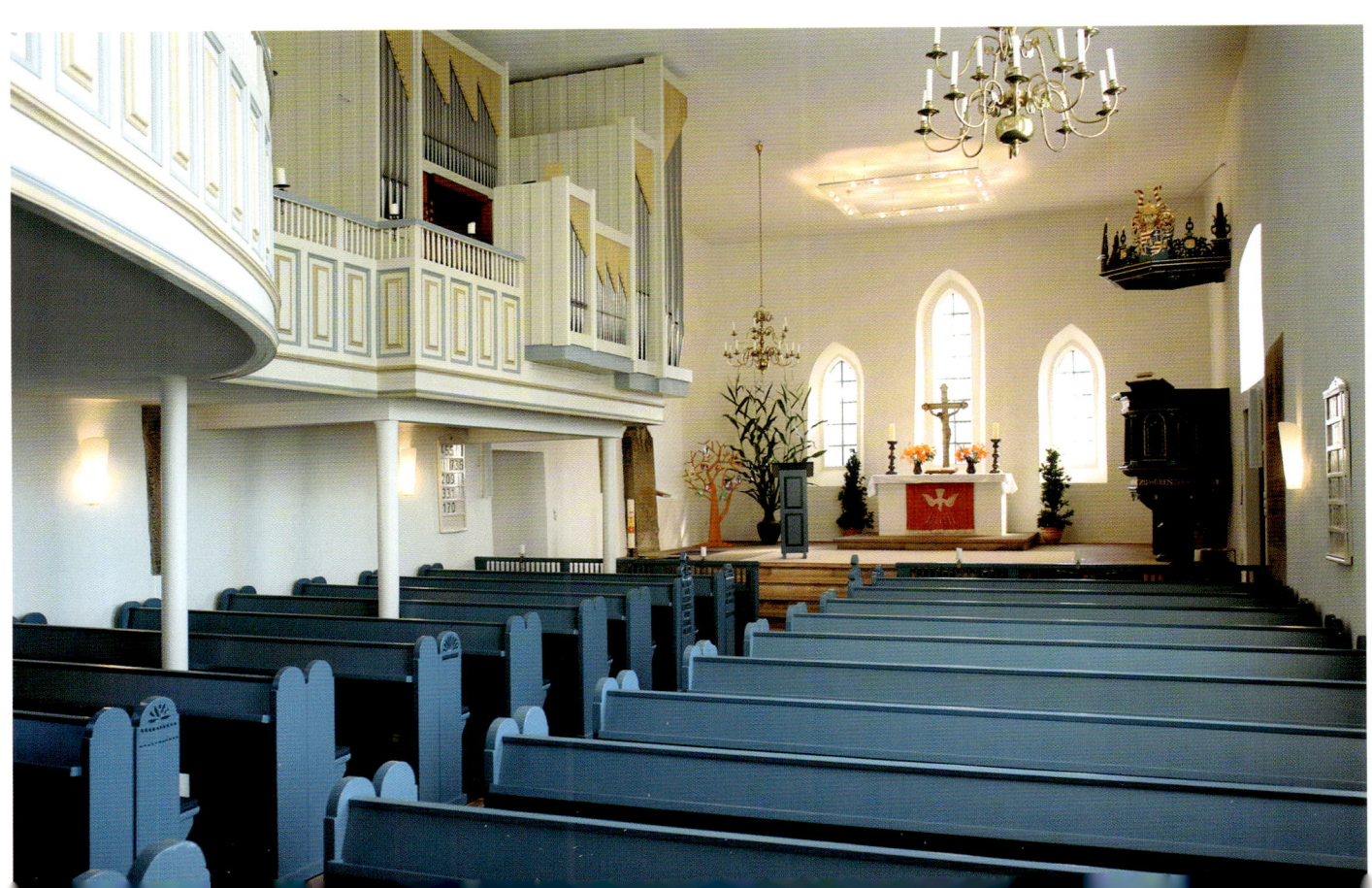

St. Dionysius-Kirche Holle

Die St. Dionysius-Kirche auf dem Sandberg in Holle – benannt nach dem Pariser Bischof Saint Denis

Gundolf Krauel

Die St. Dionysius-Kirche zu Holle liegt etwa 15 km östlich von Oldenburg kurz vor dem Beginn der Wesermarsch auf einer natürlichen Düne (5,7 Meter über Normalnull), der höchsten Erhebung weit und breit. Umgeben von Moormarschland befinden sich die Hunte und das Holler Siel in unmittelbarer Nähe. Datiert werden kann die Kirche wohl auf das Jahr 1230 (Erwähnung im Stader Kopiar, einem kirchlichen Handbuch aus dem 13. Jahrhundert). 1277 wird sie urkundlich bezeugt als „Hollenderkerken", als Kirche der Holländer. Mit Schönemoor und Süderbrok (Altenesch) unterstand sie dem Bremer Dom; aus den Abgaben sind liturgische Gewänder angeschafft worden.

Baugeschichte

In der Urform bestand die Kirche aus einem einschiffigen Rechteck, an das sich eine halbrunde Apsis anschloss. In der Zeit der Gotik wurde ein Kreuzrippengewölbe eingebaut, im Jahre 1741 nach einem Einsturz erfolgte der Neuaufbau der Osthälfte (Halbscheid) der Kirche. Dabei wurde die Kirche um neun Fuß verlängert und eine Holzdecke eingezogen. An der Westseite errichtete die Kir-

chengemeinde 1868 einen Backsteinturm, der am 2. Mai 1945 kurz vor Ende des Zweiten Weltkrieges von deutschen Soldaten gesprengt wurde, um den kanadischen Truppen den Ausblick über die Hunte zu verwehren. Die Westfassade, das Gewölbe im Vorraum und im Kirchenschiff, die linksseitige Empore und die Orgel des Hannoveraner Orgelbauers Christian Vater aus dem Jahr 1717 wurden durch die Sprengung zerstört. Der Wiederaufbau dauerte bis 1949 mit dem Mauern der Langhauswestwand, der Errichtung des Chorbogens, der Erneuerung der Holzbalkendecke und dem Aufsetzen eines kleinen Dachreiters. Aus den Trümmern der früheren Glocke wurde die neue Glocke gegossen. Der Eingang der Kirche, der bis 1945 durch zwei Türen an der Südseite möglich war, befindet sich seitdem an der Westseite des Gotteshauses. Die neue Orgel der Firma Führer aus Wilhelmshaven konnte 1959 eingeweiht werden.

Innenausstattung

Der Altar stammt aus dem Jahr 1702. Als so genannter Blutsaltar stellt er den Gottessohn Jesus Christus dar, aus dessen Wunden Blut in einen Brunnen strömt. Hiermit wird über einer Weltkugel auf der Spitze des Altars mit einer Inschrift des Evangelisten Johannes an den Gedanken des Sühneopfers Christi erinnert: „Also hat Gott die Welt geliebt, dass er seinen eingeborenen Sohn gab, damit alle, die an ihn glauben, nicht verloren werden, sondern das ewige Leben haben" (Johannes 3, 16). Über Christus und dem sein Haupt bekrönenden Sternenkranz finden sich die Worte Jesu Christi: „Wen da dürstet, der komme zu mir und trinke." (Johannes 7, 37). Gerahmt werden die Weltkugel und die Christusfigur von jeweils zwei Engeln, den Boten Gottes.

Die Kanzel ist das Schmuckstück der St. Dionysius-Kirche. Sie stammt von dem renommierten Bildhauer Ludwig Münstermann (* um 1560 oder 1575; † um 1638/1639).

Der Holler Pastor Johnnes Rosa und seine Ehefrau Anna von Kaukirchen-Sprange, deren Gemälde sich an der Südwand der Kirche befinden, haben der Gemeinde die Kanzel zum Großteil gestiftet. Pastor Rosa hinterließ große Spuren in der Gemeinde durch die Anlage von Kirchenregistern über uneheliche Kinder, Getaufte, Getraute und Verstorbene. Er unterrichtet die Kinder außerdem in den Katechismen Martin Luthers.

Im Kanzelkorb finden sich Figuren der vier Evangelisten Matthäus, Markus, Lukas und Johannes. Von der Figur des Namensgebers der Kirche, des heiligen Dionysius, ist lediglich der Sockel (Postament) übrig geblieben. Die Kanzelbrüstung ziert ein Wort Gottes zur Berufung Jeremias zum Propheten: „Ich lege meine Worte in deinen Mund" (Jeremia 1,9). Im Schalldeckel der Kanzel predigt der Pastor/in unter einem goldenen Strahlenkranz, in dessen Mitte sich der hebräische Gottesname JAHWE findet. Auf dem Kanzeldeckel steht Jesus Christus als Retter (Salvator) der sündigen Menschen, der in seiner linken Hand ein Kreuz auf einer Weltkugel trägt, das die Erlösung der Menschheit durch seinen Tod am Kreuz symbolisiert. Zu Füßen Jesu Christi befinden sich als weibliche Figuren Pax (Frieden) und Concordia (Eintracht) mit dem Symbol des Bienenkorbes als Aufforderung zum Fleiß. Das Geschehenlassen des Willens Jesu Christi soll den gläubigen Christen Frieden und Gemeinschaft bescheren.

Der jüngste Gegenstand in der Kirche ist der Taufstein der Oldenburger Künstlerin Dorothee Helling-Sohmen aus dem Jahre 1982, da sich die alte Taufe, die Pastor Rosa im Jahr 1624 in Auftrag gegeben hat, im Landesmuseum im Schloss in Oldenburg befindet. Die neue, aus Oberkirchner Sandstein gefertigte Taufe bildet ein Achteck, dessen Fuß ein Relief ziert,

PAX
SALVA TOR
DIE DA REDEN · SON DERN EWERS VATERS
ICH LEGE MEIN
S. MARCUS

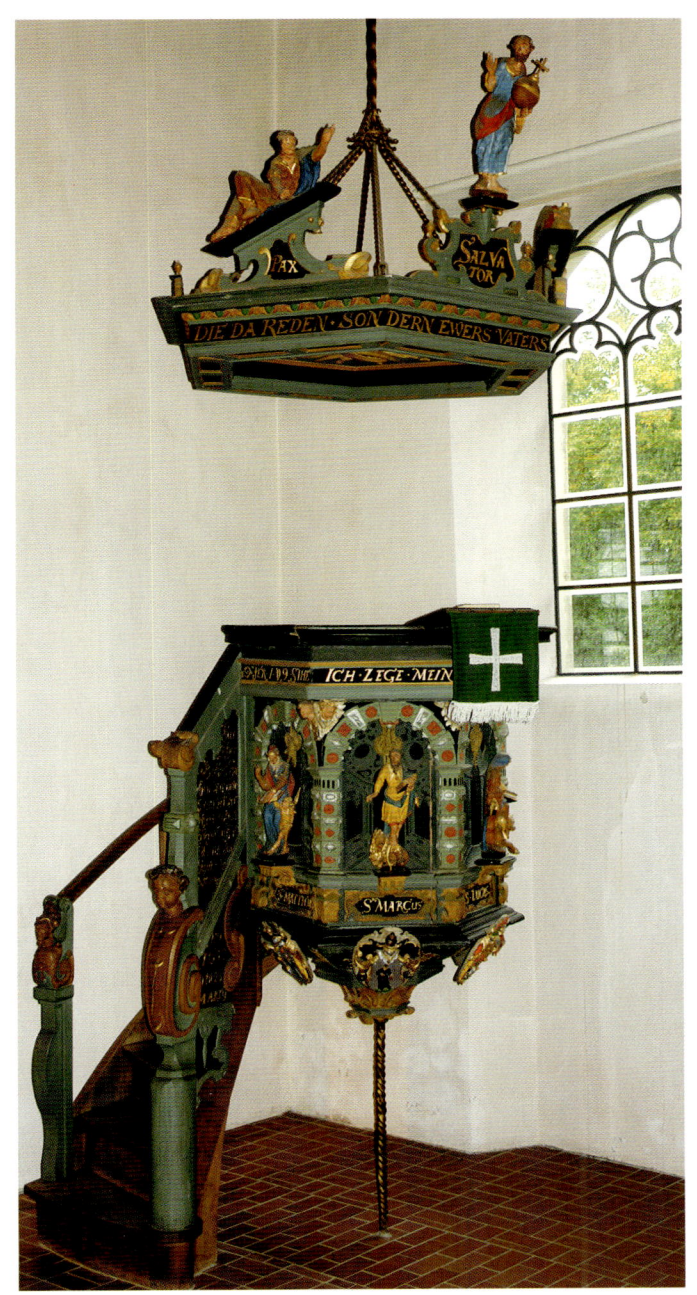

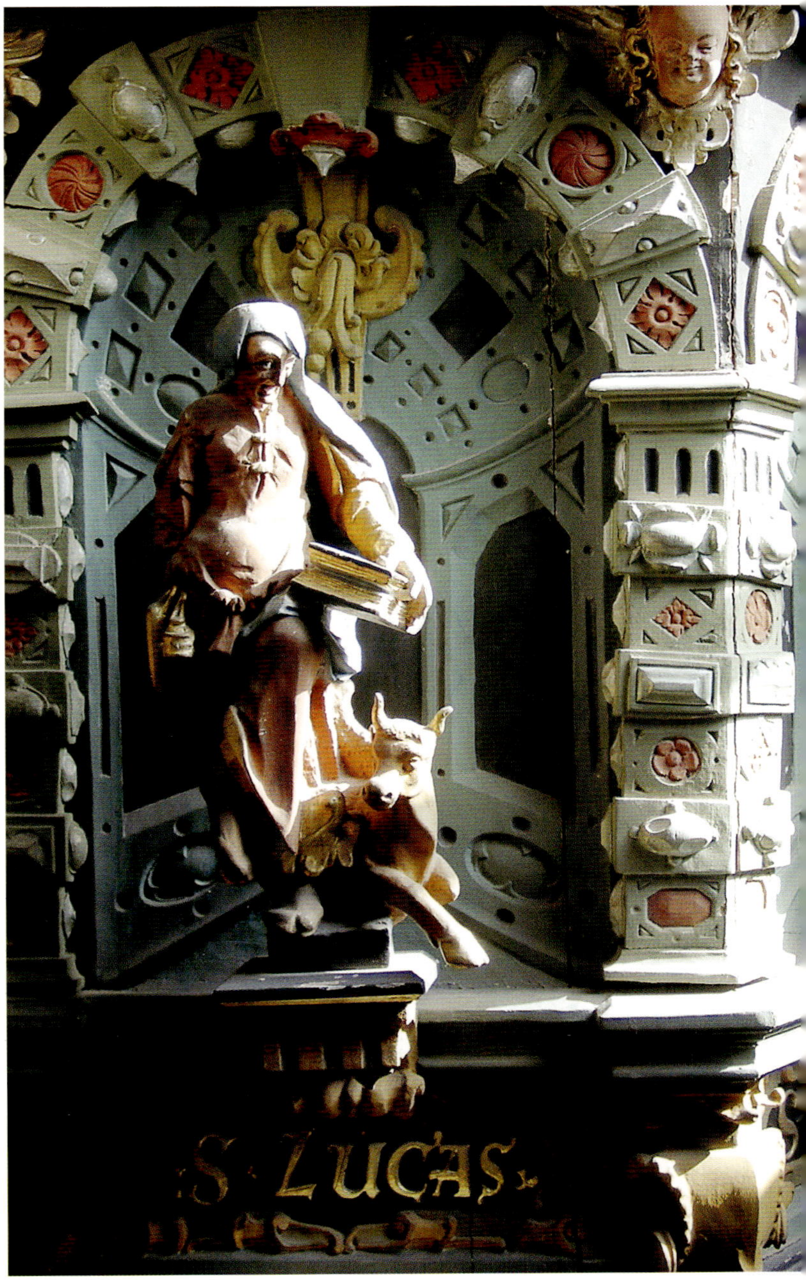
S. LUCAS

das anspielt auf die Gemeinschaft Jesu Christi mit den getauften Menschen: „Ich bin der Weinstock, ihr seid die Reben." (Johannes 15, 5). Der getaufte, von Gott angenommene Mensch, wird nun zu einem Teil der weltweiten Gemeinschaft der Christen und findet seinen Platz in der Mitte der Gläubigen. In das Taufbecken wird zur Taufhandlung die aus dem Jahr 1626 stammende Taufschale eingelegt.

Neben dem Taufstein befindet sich an der Nordwand der Kirche ein Relief, das aus den Trümmern des 1706 erbauten Grabkellers des Vogtes Johann Dietrich Mönnich stammt. Es stellt die Szene des Jüngsten Gerichtes dar, bei der Gott die Böcke von den Schafen trennen wird, wie es in Matthäus 25, 31-46 berichtet wird. Jeder Mensch wird sich dann für die während seines Lebens vollbrachten Taten vor Gott verantworten müssen und auf seine Gnade hoffen dürfen.

Weitere Trümmer des 1945 bei der Sprengung des Turmes zerstörten Grabkellers sind die Deckplatten, die an der südlichen Außenwand der Kirche angebracht worden sind.

Im Vorraum der Kirche finden sich eine Gedenktafel für den Deutsch-Französischen Krieg von 1870–1871 und eine ehemalige Grabplatte der Familie

Mönnich aus dem Jahr 1666, die zu einem Andenken an die während des Ersten Weltkrieges verstorbenen Gemeindeglieder umgearbeitet worden ist.

Vom Grab des Vogtes Johann Mönnich († 1645) und seiner Ehefrau Lücke geborene Schmidt († 1652) steht im Chorraum der Kirche die Deckplatte. Darauf dargestellt ist das Ehepaar in festtäglicher Kleidung mit ihren Hausmarken unter einem Doppelbogen. Über diesem thront Gott Vater mit einer Krone und dem Heiligen Geist in Form einer Taube über seinem Haupt. Gott Vater legt seinen linken Arm um seinen Sohn Jesus Christus, aus dessen linker Brust Blut in einem hohen Bogen in einen Abendmahlskelch spritzt. Damit wird wie bei dem Altarbild sein Sühnetod am Kreuz ausgedrückt.

Das bis heute bei Abendmahlsfeiern genutzte Abendmahlsgerät besteht zunächst aus dem in der Zeit von 1676 bis 1680 von dem Oldenburger Andreas Busch geschaffenen Kelch, der einen Sechspassfuß mit Kruzifix und Blumenornament enthält. Die Hostiendose aus dem Jahr 1663 wurde gestiftet von dem Landdrosten Kötteritz und seiner Frau. Sie zeigt auf dem Deckel einen Strauß mit drei Rosen. In den Boden ist eingraviert „Amor noster crucifixus est" (Unsere Liebe ist der Gekreuzigte).

Namenspatron

Benannt worden ist die Holler Kirche nach dem Heiligen Dionysius (Saint Denis). Er wurde um 250 n. Chr. als Bischof von Paris von Papst Fabianus nach Gallien geschickt, um dort die Worte des Christentums zu verkünden. Der römische Gouverneur von Paris (damals Lutetia) ordnete die Verhaftung und Enthauptung von Dionysius und seinen Begleitern Rustikus und Eleutherius an. Nach einer Legende erlitt Dionysius mit ihnen auf dem Richtplatz am Montmartre (mont des martyres = Berg der Martyrien) wegen seines christlichen Glaubens den Märtyrertod, nahm sein abgeschlagenes Haupt und trug es bis zu seinem Tod sechs Kilometer in den Norden der Stadt an die Stelle, an der König Dogobert I. im Jahre 626 n. Chr. die Kathedrale von Saint-Denis gebaut hat, die seit dem 10. Jahrhundert als Grabstätte fast aller französischen Könige und Königinnen genutzt wird.

Einladung

Die Ev.-luth.Kirchengemeinde Holle-Wüsting lädt an jedem Sonntag um 10 Uhr zum Gottesdienst im wöchentlichen Wechsel in die St. Dionysius-Kirche zu Holle oder die 1956 eingeweihte Heilig-Geist-Kapelle zu Wüsting ein.

Der Schlüssel für die Holler Kirche kann bei der Küsterin Edith Wenke (Tel: 04484 – 294) abgeholt werden, um das Gotteshaus zu besichtigen.

Nähere Informationen zu den Gottesdiensten und zum Gemeindeleben finden sich auf der Homepage www.kirchengemeinde-holle-wuesting.de oder ergeben sich durch Kontakt mit dem Pfarramt in Wüsting (Tel: 04484 – 359).

St. Elisabeth-Kirche Hude

Torkapelle des Klosters „Portus Sancte Marie" in Hude

Reiner Backenköhler

Der Besuch der St. Elisabeth-Kirche beginnt bereits vor der Kirchentür, da wo vor 700 Jahren die Klosterpforte gewesen ist. Dort wurden die Besucher des Klosters vom Pförtnermönch in Empfang genommem: Reisende, die eine Herberge im Kloster fanden, Kranke, die dort eine Zuflucht suchten, Bauern, die mit Ochs und Wagen ihre alljährliche Pacht abliefern mussten. Das Zisterzienserkloster in Hude, 1232 durch die Grafen von Oldenburg gestiftet, war ein großer und reicher Mönchskonvent mit vielen Besitzungen. Ursprünglich in die Einöde gebaut, wurde es immer mehr zum Mittelpunkt der Menschen, die von dem Kloster oder in seinem Umfeld lebten.

Die Klausur – der geschlossene Bereich mit der großen Klosterkirche, dem Kreuzgang, dem Refektorium, dem Abthaus und den Wirtschaftsgebäuden – war ausschließlich den Mönchen vorbehalten. Hier hatten die Laien keinen Zugang. So wurde eine Öffnung für die einfachen Men-

schen unerlässlich. Für diese „pauperi [hominum]" (arme, einfache Leute) wurde um 1300 die St. Elisabeth-Kirche gebaut. Hatten sie die äußere Klosterpforte durchschritten, wurden sie vom Pförtnermönch in die Torkapelle geführt. Der erste Blick durch die Kirchentür wurde sofort angezogen von einem leuchtenden Schnitzwerk, dem prächtigen Altaraufsatz. Ein mennigeroter Rahmen, zahlreiche Schnitzfiguren in kräftigen Farben wirkten auf die Menschen damals wie eine Sensation. Farben waren kostbar und deshalb selten. Angezogen von diesem Blickfang führte der Weg weiter in die Kirche hinein, Schritt für Schritt öffnete sich das Gewölbe mit seinen umfangreichen Wandmalereien, bis schließlich, hoch oben über allem thronend, Christus sichtbar wurde, der auf dem Regenbogen sitzende Weltenrichter in seinem mandelförmigen Heiligenschein.

Folgen wir heute diesem Einzug der Menschen des Mittelalters, erkennen wir, dass alles in diesem

Raum abgestimmt ist auf eine Begrüßungszeremonie, die dem Besucher nicht nur das Kloster öffnet. In die Torkapelle schreitend, von den Darstellungen angerührt, öffnet sich auch der Besucher für Christus. Er macht sich auf den Weg dessen, der auf Erden wandelte, litt, starb und auferstand (Schnitzbilder im Altarretabel) und der nun auf dem Regenbogen trohnt und den Erdkreis richtet, um alle zu erlösen, die sich seiner Gnade öffnen. Der Regenbogen macht deutlich, auf welcher Grundlage dieser Richter urteilt: Meinen Bogen habe ich in die Wolken gesetzt, der soll das Zeichen sein des Bundes zwischen mir und der Erde (1. Mose 9, 13). Zu beiden Seiten der Christusfigur bringen Abel und Kain ihre Gaben dar, beide gleichberechtigt, beide dargestellt mit Heiligenschein. Doch dem Abel zeigt

Christus die erhobene Hand, Zeichen der Auferstehung, dem Kain aber, der seinen Bruder mordete, das Buch des Gesetzes. Diese Szene deuteten die Menschen damals auch auf ihre eigene Lebenswirklichkeit. Das Kloster Hude liegt zwischen Geest und Marsch. Kain stand für die Geestbauern, die schwer ackern mussten und oft meinten, die Marschbauern, die wie Abel Viehbauern waren, hätten es viel leichter.

Bei den Zisterziensern galt eigentlich ein strenges Darstellungsverbot von Mensch und Tier. Doch hier in der Torkapelle wurde es durchbrochen für die einfachen Menschen, die damals überwiegend weder lesen noch schreiben konnten. Darum verzichtet das Altarschnitzwerk auf eine glorifizierende Mitte, um wie in einem Bilderbuch die ganze Geschichte Gottes auf Erden zu erzählen; beginnend unten links mit dem ersten Bildfeld, der Verkündigung der Geburt Christi durch den Erzengel, endend mit dem Pfingstereignis rechts, in der obersten Bildreihe. Diese Bilder erinnern an Bücher, die damals kursierten, man nannte sie „evangelium pauperum", Evangelium für die Armen, die in solchen Darstellungen denen, die nicht lesen konnten, die Botschaft erzählten: Gott ist wahrhaft Mensch geworden. Und dieser wahre Mensch, der wie wir gelebt hat, der unter uns war und nun erhöht worden ist (Himmelfahrt), hat bei uns Spuren hinterlassen. Diese Spuren sind im vorletzten Bildfeld zu sehen, die Fußspuren des erhöhten Christus bleiben auf dem Berg zurück.

Der Blick öffnet sich zu den Seiten des Altars. Etwas schemenhaft sind zwei Frauengestalten rechts und links neben dem hohen Chorfenster erkennbar. An den Lebensgeschichten dieser beiden Frauen kann bis heute jeder nachvollziehen, was mit Menschen geschieht, die sich diesem Christus öffnen und seine Zeugen des Glaubens und der Liebe werden:

Linke Seite: Catherina von Alexandrien (um 310 n. Chr.), dargestellt mit Folterrad und Schwert, die sich dem römischen Kaiser Maxentius nicht beugte und ihm mutig das Opfer verweigerte und so ihren Glauben bezeugte, auch um den Preis des eigenen Lebens. Maxentius versuchte sie zu dieser Huldigung zu nötigen, indem er seine besten Philosophen gegen sie aufbot, indem er ihr die Ehe antrug, ja sogar die Königinnenwürde, sie blieb standhaft. Auch das Folterrad (s. Wandmalerei) konnte ihr nichts anhaben. Schließlich wurde sie enthauptet.

Rechte Seite: Elisabeth von Thüringen (1207-1231), wurde als vierjährige Prinzessin aus Ungarn mit Ludwig von Thüringen verlobt und auf die Wartburg gebracht. Doch die Liebe sollte zu ihrer Lebensbotschaft werden: Erst die Liebe zu ihrem Mann, anfangs selbst noch ein Kind, dann die Liebe zu ihren Kindern, und schließlich die Liebe zu den Schwachen. In der Liebe bezeugte sie die Liebe Chris-

ti, die sich ganz den Armen und Kranken öffnet, indem sie all ihre Habe, ihre körperliche Unversehrtheit einsetzte, weil sie gerade im Geringsten Christus wiedererkannte. Sie nutzte ihre Witwenabfindung, um in Marburg ein Hospital zu bauen und dort auch zu arbeiten. Sie starb schon im jungen Alter von 23 Jahren an Entkräftung. Doch bald nach ihrem Tod wurde Elisabeth zu einem der beliebtesten Vorbilder im ausgehenden 13. Jahrhundert. Darum ist auch die Torkapelle nach ihr benannt.

Und indem unser Blick sich öffnet wie beim Besucher vor 700 Jahren, erleben wir fast unmittelbar, wie die Botschaft Christi die Menschen vor langer Zeit berührte. Denn das ist das Besondere der Elisabeth-Kirche Hude: das Gebäude, die Wandmalereien, der Altar, sie alle sind zur gleichen Zeit entstanden, um 1300 n. Chr.; dies ist eine Vollständigkeit eines Kunst- und Glaubenszeugnisses, wie es sonst im norddeutschen Raum aus dieser Zeit nicht zu finden ist.

Doch das Zeugnis des öffnenden Christus und der sich für die Besucher öffnenden Kirche ist nicht stehen geblieben. Lebendig hat es weitergewirkt: in dem Pestkreuz (um 1500), das vor dem Altargewölbe von der Decke herabhängt und von Gebet und Dank in schwerer Not zeugt, in der Kanzel, (1672, Harm Backenköhler, Holzschnitzer aus Delmenhorst). Das Zeugnis wirkt weiter bis zum heutigen Tage, wenn sich die Kirchentüren öffnen. Denn es kommen Woche für Woche, Tag für Tag, Menschen vor den Altar (der Christi Weg auf Erden zeigt) und unter das Gewölbe (mit Christus im Himmel), trauern um ihre Angehörigen, freuen sich mit den getrauten Paaren, sind stolz auf das junge Leben, das sich Gott in der Taufe geöffnet hat. Es öffnet sich die Kirche für die Menschen

auch zum sonntäglichen Gottesdienst, zum Gebet, zur Predigt und zum gemeinsamen Mahl.

Und in allen Wandlungen, die dieses Zeugnis in allen Jahrhunderten erlebt hat, ist eines erhalten geblieben: Immer wenn sich die Kirchentür öffnet, öffnen sich die Augen und die Münder der Besucher voller Staunen, wie offen dieser Gott ist für alle Menschen, gerade für die Einfachen, die Armen, für diejenigen, die eine Zuflucht suchen, die nur mal eben zu Besuch sind oder ihre Gaben bringen.

Weitere Informationen unter:
http://www.ev-kirche-hude.de

St. Briccius-Kirche zu Huntlosen

Trutzige Weite

Michael Ohms

Aus dem Gästebuch

„Kleine Kirche am Wegesrand,
Ruhe im lauten Alltagsgetriebe,
geführt wie von einer unsichtbaren Hand,
dass ich auch einmal ganz stille bliebe.
Die Türen geöffnet:
Komm! Tritt herein!
Falt die Hände, ruh' einmal aus,
hier bist Du mit Deinem Gott allein.
Lausche dem Lied der Amsel draus',
danke dem Herren für diesen Ort,
bring ihm all Deine Sorgenlast.
Danke! Bete! Geh nicht eher fort,
als bis Du ihm alles überlassen hast."

„Dieses Kirchlein, das ich zufällig fand,
lud mich mit seiner unerschütterlichen
Ruhe und dem Gefühl der Geborgenheit,
nicht des Monumentalen, ein,
hier ein wenig zu verweilen."

Baugeschichte

Die so beschriebene Kirche wurde um 1250 errichtet. Sie trat an die Stelle einer älteren Vorgängerkirche und war zunächst ein turmloses Langhaus. Im 14. Jahrhundert stockte man das Gebäude an der Westseite auf, um eine Glockenstube zu errichten. Für sie überführte man das nahezu quadratische Westjoch der Kirche in ein Achteck. Es entstand der wuchtige Turm, der mit 23 Metern ebenso hoch, wie das Gebäude lang ist und bis heute die Blicke auf sich zieht. In seinem Mauerwerk sind die größten Flächen aus Naturstein, die in der Mitte des Westfensters ihren höchsten Schichtungspunkt erreichen. Möglicherweise fand mit ihnen das Baumaterial der Vorgängerkirche erneute Verwendung. Im übrigen ist die Kirche aus roten Ziegelsteinen im klassischen Klosterformat gemauert, die auf einem doppelreihigen umlaufenden Granitverblender ruhen. Die Kirche strahlt damit, wenn man sich ihr von der Bahnhofstraße aus über den Friedhof nähert, etwas Massives, ja Unerschütterliches aus. Sie steht an ihrem Platz wie „ein feste Burg" unseres Gottes.

Die Innenausstattung

Wer die St. Briccius-Kirche betritt, der staunt über die Weite, die sich ihm im Inneren bietet. Er steht sogleich im Turmjoch des Kirchraums, an das sich das Mittel- und Chorjoch anschließen. Sie trennen zwei erst bei näherer Betrachtung auffallende Innenwände mit großzügigen Durchgängen in Jochbogenform, die zugleich als Aufleger für die drei Kreuzgewölbe der Kirche dienen. Mit ihren Wulstrippen im Turm- und Chorjoch sowie den Bandrippen des Mitteljochs, die je einen Schlussring durchlaufen, verleihen sie der von außen romanisch wirkenden Kirche gotische Weite.

Der Blick fällt in dem weitgehend schmucklosen Kirchraum unweigerlich auf eine lebensgroße Christusfigur an einem Kreuz aus massiver Eiche, das die Ostwand schmückt. Die Schnitzarbeit eines unbekannten Meisters aus dem 15. Jahrhundert zeigt einen Jesus, der den Kopf

leicht zur Seite geneigt hat und über dessen Gesicht ein zartes Lächeln huscht. Fast scheint es, als schmunzle er ein wenig und sei frei von allen Gedanken, Fragen und Sorgen zum Scherzen aufgelegt – wären da nicht die Dornenkrone und die Balken des Kreuzes. Die Christusfigur in der Huntloser St. Briccius-Kirche trägt somit kaum leidende Züge, sondern sie besitzt das entspannte Gesicht eines gerade friedlich eingeschlafenen Menschen. Es scheint, als habe der Künstler einen Christus nach der Passionserzählung des Johannesevangeliums geschaffen. Hier schreit Jesus nicht zu Gott: „Mein Gott, mein Gott, warum hast du mich verlassen?" (Mt. 27,46) sondern ordnet völlig frei letzte Dinge. Nachdem er mit den Worten „Es ist vollbracht!" (Joh. 19,30) sein Werk dann für abgeschlossen erklärt hat, stirbt er. Dass er dabei an einem Kreuz, einem Hinrichtungsinstrument hängt, könnte man darüber fast vergessen. Damit drückt die Christusfigur des Kreuzes aus, was die Tageslosung des Karfreitags festhält: „Also hat Gott die Welt geliebt, dass er seinen eingeborenen Sohn gab, damit alle, die an ihn glauben, das ewige Leben haben." (Joh. 3,16)

Während die Gesichtszüge von dieser Liebe Gottes künden, spricht aus dem Kreuz ihr Preis, das Leben des eigenen Sohnes. Der Betrachter erblickt in ihm damit die Tiefe der Liebe Gottes. So lädt das Kreuz in St. Briccius ein, mit Jesus Christus in das Gespräch über das eigene Leben, den eigenen Glauben und die ureigenen Zweifel zu treten und Frohes und Sorgenvolles, Klage, Dank und Lob vor ihn zu bringen.

Über dem Kreuz sind in der Ostkappe des Chorjochs die Fragmente einer Deckenmalerei zu sehen, die bei Restaurierungsarbeiten 1992 freigelegt wurden. Wenngleich nicht viel von dem Gemälde über die Jahrhunderte erhalten geblieben ist, so ist das Wenige doch genug, um es zuverlässig deuten zu können.

Zu sehen ist Christus, aus dessen Mund zur Taufsteinseite eine Lilie und zur Kanzelseite ein Schwert dringt. Zusammen sind beide eindeutige Kennzeichen des erhöhten Christus, der kommen wird „zu richten die Lebenden und die Toten". Die Posaunenengel unterstützen diese Deutung, da sie mit ihrer Musik den Anbruch des letzten Tages verkünden. Verbindet man die entsprechenden biblischen Aussagen mit anderen, besser erhaltenen Darstellungen des erhöhten Christus, ergibt sich, dass dort, wo wir heute leider nur Putz sehen, die Füße des Auferstandenen auf einer Weltkugel ruhten und ihn ein Regenbogen umgab.

Schließlich ist noch ein Gesicht auf der Kanzelseite unten erhalten. Es dürfte einem der Jünger Jesu gehören, die gemäß dem Programm vergleichbarer Bilder den erhöhten Christus umgeben. Vor ihm sollen die Menschen sich in acht nehmen. Denn er führt ein scharfes Regiment. Neben dem Schwert

kommt eine Lilie aus Jesu Mund. Eine Blume steht damit einer Waffe gegenüber, ein Lebewesen einem Instrument zum Töten, etwas leicht Verletzliches geschmiedetem Metall. Wer mir Blumen schenkt, der meint es gut mit mir. Bei Jesus ist die Lilie Sinnbild für Gottes unverdiente Fürsorge, ja das Gottvertrauen an sich. Gott lässt gerade dem Gutes widerfahren, der sich nicht um sein Leben sorgt, sondern es in Gottes Hand legen kann. Der Kirchbesucher hat in dem Deckengemälde damit gleichermaßen Gottes Anspruch an sein Leben wie seinen Zuspruch vor Augen. Oder, mit Martin Luther gesprochen, eine Erinnerung daran, dass er Gott über alle Dinge fürchten, lieben und vertrauen soll.

Die Bedeutung von Schwert und Lilie finden sich dann auch unten im Altarraum wieder. Auf der Seite des Schwertes ist die Kanzel aufgestellt, die vermutlich aus dem 18. Jahrhundert stammt. Sie gehörte zu einem Kanzelaltar, der 1947 entfernt wurde. Von ihr wird das Wort Gottes gepredigt, das „schärfer als jedes zweischneidige Schwert" (Hebr. 4,12) ist.

Ihr gegenüber steht der Taufstein aus dem späten 17. Jahrhundert. An ihm begegnet mit seinen acht Ecken die bereits am Turm auffällige Achtzahl wieder, die in der christlichen Zahlensymbolik für die Auferstehung Christi steht. So wird den Täuflingen bis heute unter der Lilie zugesprochen, dass sie durch die Taufe Anteil an Christi Sieg über den Tod haben: „Und siehe ich bin bei euch alle Tage bis an der Welt Ende." (Mt. 28,20)

Im Turmjoch der Kirche befinden sich links und rechts des 1956 von Hermann Oetken geschaffenen Michaelisfensters zwei gerahmte Wappen, die an Besitzer des unweit der Kirche gelegenen Gutshofes Huntlosen erinnern.

An der Südseite fällt eine graue Steintafel aus der Werkstatt des Wildeshauser Künstlers Hartmut Berlinicke ins Auge. Sie kündet davon, dass einst der schwedische Graf von Wasaburg und seine Nachfahren über Huntlosen regierten.

Der Namenspatron

Briccius wurde 370 in Gallien geboren und wuchs im Kloster des Martin von Tours auf, dessen Nachfolge als Bischof er 397 antrat. Mit zwei Wundern setzte sich gegen die Vorwürfe zu wehr, dass seine Amtsführung zu weltlich sei: Ein Säugling widersprach nach der Legende dem Gerücht, dass Briccius sein Vater sei. Weil die Menge dennoch nicht glaube, trug er in seinem Gewand glühende Kohlen zu Martins Grab, wobei sein Mantel unversehrt blieb. Ein Kind auf dem Arm und glühende Kohlen wurden so zu seinen Attributen. Trotz aller Widerstände führte er sein Bischofsamt, bis er im Alter von 74 Jahren 444 verstarb.

Öffnungszeiten

Die St. Briccius-Kirche, die sich auf der rechten Seite der Bahnhofstraße in Richtung des Ortsausgangs Sandhatten befindet, ist in der Regel täglich geöffnet. Ein umfangreicher bebilderter Kirchenführer stellt sie näher vor. Er kann im Pfarramt erworben werden. Dort können Sie unter der Rufnummer 04487/237 auch Kirchenführungen vereinbaren.

St. Ansgari-Kirche Kirchhatten

Von der Sühnekirche zum festen Fundament einer Gemeinde

Wolfgang Martens

Von weitem sichtbar ist die St. Ansgari-Kirche in Kirchhatten. Einst soll sie als Sühnekirche für den 1192 verübten Mord am Grafen Christian von Oldenburg von den Tätern erbaut worden sein. Der Graf befand sich nach dreijähriger Abwesenheit auf dem Rückweg von einem Kreuzzug zu seiner Burg bei Hatten, als er kurz vor

seinem Ziel heimtückisch in Bergedorf ermordet wurde. Nach einer anderen Überlieferung wurden die Täter zu Tode gefoltert, darüber berichtet Meinrich der 6. Abt (ca. 1185-1226) in der Rasteder Chronik: *„Den verbrecherischen Mord haben die Ritter von Hatten, von Sannum und von Döhlen begangen. Einige von ihnen wurden landflüchtig und entkamen; die anderen aber, die gefaßt wurden, peinigte und folterte man auf verschiedene Art und übergab sie dem Flammentod"*.

Bis zum Bau der sogenannten Hatter Kirche sollen die Einwohner auf dem langen und nicht unbeschwerlichen Fußweg zur Kirche in Wiefelstede gegangen sein. Der Ortsname wird erstmals 860 als „Hahto" in der Lebensbeschreibung des 789 gestorbenen Missionars Willehad genannt. In einem alten Verzeichnis der Gotteshäuser von 1230 wird Hahto oder Hatten nicht erwähnt, aber etwa 30 Jahre später taucht der Name „Kerckhatten" auf, was die Existenz der Kirche im Ortsnamen verdeutlicht. Während sich für das Kirchdorf der Name Kirchhatten durchsetzte, wurde das dazugehörige Kirchspiel als Hatten bezeichnet.

Aus der Baugeschichte

Die Hatter Kirche wurde zwischen 1230 und 1260 erbaut und dem Heiligen Ansgar geweiht, dem Missionar des Nordens und Bischof von Bremen (801-865). Damit stammt die St. Ansgari-Kirche in ihren ältesten Bauabschnitten aus dem 13. Jahrhundert. Das aufgehende Mauerwerk besteht in den unteren Teilen überwiegend aus Findlingen und wurde später mit roten Ziegelsteinen erhöht. Offensichtlich hat man die Kirche in mehreren Bauphasen errichtet. Deutlich sichtbar wird dies durch die gleiche Höhe des Findlingsmauerwerks an der Nordseite von Turm und Chorraum, während das Mittelschiff eine andere Struktur hat. Leider wurden bei der grund-

legenden Renovierung 1973/74 keine archäologischen Untersuchungen vorgenommen um nähere Aufschlüsse zu bekommen.

An der Nordseite des Chores deutet eine Baufuge auf eine sehr frühe Erweiterung des Chorraumes hin, die im

Innern durch zwei Granitsteine angedeutet wird. Bis 1946 dienten einige der Fensternischen des Chorraumes noch als Zugang zu den sogenannten herrschaftlichen Kirchenstühlen im Innern, die mit einem separaten Aufgang versehen waren. Bei früheren Reparaturen wurde mehrfach Abbruchmaterial vom Kloster Hude verwendet, im 18. Jahrhundert auch vom Schloss der Wasaburger in Huntlosen.

Auf der Südseite des Mittelschiffs befindet sich der alte Haupteingang mit der Jahreszahl 1718. Das prunkvolle Eingangsportal aus Sandstein mit der eindrucksvollen Darstellung vom Leben und dem Tod, wurde vermutlich vom Hatter Amtsvogt Traugott Schreber (1671-1718) gestiftet. Zu jener Zeit gab es noch einen weiteren Eingang auf der Nordseite, er bestand aus einem Rundbogen der heute noch an der Außenseite erkennbar ist.

Das Geläut besteht aus drei Glocken im Turm, zwei davon fertigte der Glockengießer Johannes Frese aus Osnabrück 1504 vor Ort an, die jüngste konnte 1993 aus Spendengeldern angeschafft werden. Eine weitere kleine Glocke gehörte zum mechanischen Uhrwerk von 1879; sie wird seit 1984 von einer elektronischen Uhr gesteuert.

Innenausstattung

Der Haupteingang der Kirche befindet sich im Turm. 1862 wurde der Durchbruch geschaffen. An der Nordseite liegt das Gedenkbuch für die Gefallenen und Vermissten des Zweiten Weltkrieges aus.

Bereits von weitem fällt der Blick auf das große Kruzifix hinter dem Altar an der Ostwand im Chorraum, der mit einem Doppelkreuzgewölbe und Freskenmalereien des 14.-15. Jahrhundert ausgestattet ist. Das Kreuz mit der lebensgroßen Christusgestalt wurde um 1420 von einem Mönch im Kloster Rastede geschnitzt. Bis in die 1930er Jahre fristete es ein verborgenes Dasein auf dem Dachboden. Links davon befindet sich ein Fresko der St. Anna Selbdritt und auf der rechten Seite leuchtet die Madonna mit einem Strahlenkranz im Lichtschein des Fensters. In der Gewölbekappe über dem Kreuz sieht man eine gemalte Darstellung des Gekreuzigten. An der Nordwand ist der Apostel Jacobus mit seinem Pilgerstab dargestellt, darunter ein Weihekreuz aus der vorreformatorischen Zeit.

Den Altar verziert eine alte Sandsteinplatte, die vermutlich vom Grab des Pastors Johannes Heshusius (1608-1667) stammt, der im Chorraum seine Ruhestätte fand. Dahinter steht der sechseckige hölzerne Tauftisch, der 1905 auf der Oldenburger Landesausstellung zu sehen war, bevor er seine endgültige Verwendung in der Hatter Kirche fand. Seine Inschrift lautet: „Lasset die Kindlein zu mir kommen, und wehret ihnen nicht, denn solcher ist das Reich Gottes. Wer da glaubet und getauft wird, der wird selig werden, wer aber nicht glaubet, der wird verdammet werden".

Die Kanzel wurde 1747 von Ahrend Büsselmann und Marten Suhrkamp gestiftet. Der Kanzelkorb ist versehen mit den Evangelisten Matthäus, Markus, Lukas und Johannes sowie den dazugehörigen Attributen. Auf dem

Schalldeckel befindet sich die Figur des auferstandenen Christus.

An der Nordwand befindet sich das Abendmahlsbild mit dem prunkvollen Barockrahmen von 1699. Es zierte bis 1946 den Altar und wurde vom Hatter Gutsherrn, Landkommisar und Konsistorialrat Christian Friedrich Schreber (1643-1711) gestiftet, der mit seiner Ehefrau im unteren Bereich dargestellt ist. Das Ehepaar Schreber stiftete 1699 auch einen silbernen Abendmahlskelch mit Patene, beides wird heute noch für die Abendmahls-

feier verwendet. Bei dem Epitaph an der Südseite des Mittelschiffs handelt es sich ebenfalls um eine Stiftung des Ehepaares Schreber. Auf dem reichverzierten Barockrahmen ist Christus am Kreuz dargestellt, wobei die Stifter mit gefalteten Händen das Blut des Gekreuzigten aufnehmen: „Das Blut Jesu Christi, des Sohnes Gottes, macht uns rein von aller Sünde".

Diese Stiftungen dürften sehr willkommen gewesen sein, nachdem um 1682 das Gewölbe im Mittelschiff entfernt werden musste.

Etwa zur damaligen Zeit wurden die Orgel- und die Nordempore eingebaut, 1743 die Südempore erneuert. Johan Krey aus Sandhatten soll sie mit den biblischen Gestalten verziert haben. Eines der Felder zeigt die ursprüngliche Fassung. Das Wappen unterhalb der Nordempore stammt vom Kirchenstuhl des Hatter Gutsherrn Eberhard Schreber – von Schreeb (1716-1788), einst oldenburgisch-dänischer Land- und Regierungsrat, der 1755 in den Adelsstand erhoben wurde und in der Familiengruft auf dem Kirchhof ruht.

Bald nach der 1757/58 erfolgten Umgemeindung von Dingstede und Schmede von der Kirche in Ganderkesee zum Kirchspiel Hatten, waren insgesamt 455 Kirchenstühle vorhanden. Aufgrund weiterer Zunahme der Bevölkerung wurden 1783 an den Längsseiten im Mittelschiff unter der Balkendecke zwei zusätzliche Emporen eingebaut, die man 1946 abriss. Die Bemalung der Deckenbalken erfolgte bei der Renovierung 1973/74.

Die erste Orgel erhielt die Hatter Kirche 1743, das jetzige Instrument wurde 1976 von der

62 | St. Ansgari-Kirche

Firma Kleuker in Brakwede angefertigt. An der Orgelempore befindet sich folgender Schriftzug: „Dem Gedächtnis unserer Gefallenen der Weltkriege 1914-18 und 1939-45". Weithin sichtbar ist die 1945 angelegte Kriegsgräberstätte draußen vor dem Haupteingang. Gegen Ende des Zweiten Weltkrieges geriet Kirchhatten zwischen die Fronten der Deutschen Wehrmacht und den Alliierten. Unter den heute noch vorhandenen 70 Gräbern befindet sich auch das Grab einer erst 15-jährigen polnischen Arbeitsgehilfin. Insgesamt 19 Steine tragen den Vermerk „Unbekannt". Bei der Beseitigung der Kriegsschäden an der Kirche 1945/46 wurden u.a. auch die mittelalterlichen Decken- und Wandmalereien wieder freigelegt, ebenso die figürlichen Darstellungen an den Emporen.

Geschichten

Pastor Heshusius, von dem die ältesten Kirchenbücher überliefert sind, stand in der besonderen Gunst seines Landesherrn. Nach der volkstümlichen Überlieferung soll ihm Graf Anton Günther von Oldenburg (1583-1667) als Dank für das Stillschweigen über die in Hatten erfolgte Geburt seines unehelichen Sohnes, des späteren Reichsgrafen Anton von Aldenburg (1633-1680), den Dingsteder Erbkrug geschenkt haben. Tatsächlich erhielt Pastor Heshusius das Krughaus, behielt es allerdings nur ein Jahr und verkaufte es ohne den Zorn seines frommen Gebers weiter. Bei dem ältesten erhaltenen Kirchenbuch handelt es sich ausgerechnet um das der unehelichen Kinder von 1634, ohne einen Hinweis oder Nachtrag über die Geburt des Grafensohnes.

Einladung zum Besuch

Die St. Ansgari-Kirche ist an allen Tagen des Jahres von 9 bis 17 Uhr zu besichtigen und zum stillen Gebet geöffnet. Das ausgelegte Gästebuch lädt zum Schreiben ein. Die übrigen Informationen im Eingangsbereich der Kirche, darunter auch der aktuelle Gemeindebrief, zeigen das vielfältige Leben dieser Gemeinde.

Weitere Informationen befinden sich auf der Website der Kirchengemeinde: www.ev-kirche-hatten.de

St. Katharinen-Kirche Schönemoor

St. Katharinen – zwischen Marsch, Moor und Geest auf Sand gebaut

Susanne Wöhler

Wer dem Hinweisschild von der Schönemoorer Dorfstraße aus zur St. Katharinen-Kirche folgt, kommt die Allee entlang, wie es seit Hunderten von Jahren die Besucher der Kirche taten. Dieser Zuwegung sind sicher schon die Pilger im 13. Jahrhundert gefolgt. Ihnen war damals ein 40tägiger Ablass versprochen, wenn sie an bestimmten Tagen die Kirche besuchten und möglichst auch etwas Geld spendeten. Vielleicht war schon zu ihrer Zeit zwischen den Bäumen als erstes das Zeltdach des Turms, dann das zweimal abgestufte Dach des Kirchenschiffes, und schließlich die Kirche als Ganzes zu sehen. In den roten Ziegelsteinen finden wir bis heute Spuren der Pilger, die den Staub der Steine als Andenken mitnahmen oder manchmal auch in Wasser lösten und als Medizin tranken. Als Kratzspuren sieht man Kreuze, Kreise und einfache Rinnen, vor allem an der äußeren Mauer des Altarraumes.

Wer die Kirche heute betritt, „riecht" förmlich die Vergangenheit. Sie strahlt mit ihren Kreuzrippengewölben und ihren Malereien eine schlichte Harmonie aus und ist heute besonders für Hochzeiten sehr beliebt.

Die Baugeschichte und das äußere Erscheinungsbild

Bereits um 1230 wird erstmals eine Kirche in Schönemoor (damals: Sconemore) erwähnt. Am 13. Dezember 1324 wurde die jetzige Kirche durch den Verdener Bischof zu Ehren der Hl. Katharina geweiht. Die roten Ziegelsteine stellten damals die Mönche des Klosters Hude im bekannten Klostermaß (30 x 15 x 9 cm) im Feldbrand her. Auch Steine aus Granit wurden bearbeitet und in das Mauerwerk eingefügt.

Die Kirche besteht im Wesentlichen aus drei Baugliedern: Dem Turm im Westen, dem Schiff und dem schmaleren Chor im Osten. Im Mauerwerk des Chores sind vor allem Findlinge verarbeitet, was möglicherweise darauf hinweist, dass dieser Teil schon zur Vorgängerkirche gehörte. Deutlich zu erkennen ist noch die „Priesterpforte", die zwischen den Feldsteinen nach der Reformation mit Ziegeln zugemauert wurde.

Besucher betreten die Kirche durch ein Vorhaus an der Südmauer des Schiffs. Es ist nicht ganz so alt wie die anderen Teile der Kirche und wird „Kinderhaus" genannt. „Darin hatten einst bei Kindtaufen die Mutter und die Gevattern so lange zu warten, bis der Pastor eintrat." (Müsegades, K. (1972): Schönemoor im Wandel der Zeiten, S. 375/76)

Die Innenausstattung der Kirche

Im „Kinderhaus" hängt rechts neben der Tür eine Kopie der Ablassurkunde von 1333, die in Avignon (dem damaligen Sitz der Päpste) ausgefertigt wurde. Das Original liegt heute im Staatsarchiv in Oldenburg. Der 40tägige Ablass war damals die übliche Zeitspanne für kleinere Pilgerkirchen. Gegenüber den Gedenktafeln für die Opfer des Zweiten Weltkrieges steht an der Wand die Grabdeckplatte Pastor Diederich von Linderns (1632-92), die früher im Chorraum über seinem Grab lag.

Beim Betreten des Innenraumes fallen sofort die mittelalterlich anmutenden Malereien in den Kreuzrippengewölben auf. Zu sehen sind Bänder, die die Gewölbe betonen, stilisierte Lilien, die für die Reinheit der Namenspatronin Katharina oder als Pilgermarken stehen könnten, dazu auch Kreisornamente und verschiedene bildhafte Darstellungen. Die Kreisornamente erinnern an das Rad, mit dem Katharina abgebildet wird. Im Chor ist eine Darstellung der Hl. Katharina mit drei weiteren Personen zu sehen, vielleicht sind es drei von den Philosophen, die sie zum christlichen Glauben bekehrte. In der Hand trägt sie das Rad und das Schwert. Links vom Altar ist eine Kreuzigungsgruppe dargestellt. Die Malereien wurden in den 1930er Jahren von Kirchenmaler Oetken freigelegt und teilweise nach seinen eigenen Vorstellungen restauriert. Darstellungen des jüngsten Gerichts im Chor und eines Christophorus über der Kanzel sind später wieder übertüncht worden.

Hinter dem Altar befinden sich zwei Holztüren, deren ursprünglicher Zweck nicht mehr bekannt ist. Bei einer Kirchenführung für den Kindergarten fragte ein Kind: „Wohnt da drin Gott?"

In der Nische neben dem Taufbecken, die mit einer Gittertür versehen ist, stand früher das Abendmahlsgeschirr. Auf dem Altar stehen zwei Messingleuchter von 1692, die von der Familie von Lindern gestiftet wurden. Der gemauerte Altar stammt aus den Jahren 1933/34.

Eine Holztafel neben der Kanzel ist der obere Teil eines Stuhls (oder, nach anderen Aussagen, Bestandteil des ehemaligen Schalldeckels der Kanzel), auf dem zu lesen ist: *„Dei Verbum Loquor"* (*„Gottes Wort verkündige ich"*; DVL sind die Initialen Diederich von Linderns). Gegenüber, im Bogen, der in den Altarraum führt, gibt es noch die Überreste einer weiteren Darstellung der Katharina, deren Augen noch zu sehen sind. An der Wand zum Altarraum kann man die Überreste einer gemalten Engelsfigur erkennen.

In ihrer Nähe links unten an der Nordmauer gibt es eine Ausbuchtung in der Mauer. Einer Legende nach war dort der Aus- und Eingang der Zwerge, die unbemerkt beim Kirchbau geholfen haben sollen.

Das Bild mit dem gekreuzigten Christus, das heute über der Ausgangstür hängt, stammt vom Bremer Kunstmaler Funke und wurde in den 1830er Jahren erworben. Es fungierte bis 1934 als Altarbild.

Der Einbau der Orgel erfolgte erst 1866, vorher sang man mit Hilfe eines kräftigen Vorsängers. Die zwei kleinen Wappenschilder an der Orgelempore zeigen die Wappen der Familien von Schaden und von Bardenfleth, die auf dem Gut Nutzhorn ansässig waren.

Namenspatronin

Die Hl. Katharina war eine Königstochter aus Zypern, lebte in Ägypten und war sehr gelehrt. Sie wird von einem Einsiedler im Christentum unterwiesen und getauft. Dem

Kaiser Maxentius erläutert sie in einem Streitgespräch, dass er falschen Glaubens sei. Daraufhin soll sie durch fünfzig Philosphen wieder auf den rechten Weg gebracht werden, doch sie bekehrt diese. Nachdem auch die Kaiserin sich zusammen mit 200 Rittern taufen lässt, verfügt der Kaiser grausame Martern und lässt alle enthaupten. Katharina soll auf einem Rad mit Messern und Nägeln gemartert werden. Aber Blitz und Donner zerstören das Rad und töten den Henker. Da lässt der Kaiser Katharina enthaupten. Ihr Leib wird von Engeln auf den Sinai getragen und in ein Grab aus Marmelstein (Marmor) gelegt. Katharina soll 307 gestorben sein.

Glockenturm

Im Turm gibt es eine Brutvorrichtung für Turmfalken, in der jedes Jahr Junge schlüpfen. Die Öffnung nach außen ist ein kleines Fenster in der Westmauer des Turms. Auch Eulen halten sich gerne im Inneren auf.

Die Glocke wird bis heute mit der Hand geläutet, ein Tau ist von der Empore aus durch zwei Böden hindurch mit der Glocke verbunden. 1679 raubten französische Soldaten die beiden Schönemoorer Glocken, um daraus Kanonen zu gießen. Sie brachen den kleinen Mittelpfeiler aus einer der Schallöffnungen des Turmes heraus und warfen die Glocken auf den Friedhof. Unter großen Mühen gelang es der Gemeinde 1681, eine neue Glocke im Boden des Friedhofs gießen zu lassen. Ihre Inschrift lautet:

> Den Völkern rufe ich,
> daß sie beym hören singen.
> Ich schall auch, wenn man muss
> den Leib zu Grabe bringen.
> Zwar reden kann ich nicht,
> lehr andre dennoch wol,
> Wie sich in Freud und Leyd
> ein Christ verhalten soll.

Nach gut hundert Jahren wurde diese Glocke schadhaft und musste 1790 umgegossen werden. Seitdem ruft sie hell und klar die Gemeinde zu Gebet und Gottesdienst.

Einladung

Wer die St. Katharinen-Kirche besichtigen oder auch in ihr eine Andacht halten möchte, ist herzlich willkommen. Leider ist es nicht möglich, die Türen immer zu öffnen. Aus diesem Grunde empfiehlt sich ein Anruf in der Pastorei oder im Sekretariat, um einen Termin zu vereinbaren. Die nötigen Informationen finden Besucherinnen und Besucher unter www.kirche-schoenemoor.de.

St. Pankratius-Kirche Stuhr

Asyl für einen Altar

Dr. Klaus Helbig | Robert Vetter

Der Turm unserer St. Pankratius-Kirche weist schon aus großer Entfernung den Weg. Sie wurde von den Vorfahren über acht Jahrhunderte unter großen Opfern auch für uns erhalten und ist beständiger Orientierungspunkt in einer sich rasch ändernden Zeit und Umgebung – selbst die Piloten der vom Bremer Flughafen startenden Flugzeuge nehmen gern den Kirchturm als „Lenkhilfe" in Anspruch. Ein wahrer Ort, der der Orientierung und Besinnung für das eigene Leben und das der christlichen Gemeinschaft dient.

Besonders spannend ist die Herkunft des Altars, der sozusagen erbeutet wurde: „Der Stuhrer Passionsaltar stand vermutlich ursprünglich in der St. Ansgarii-Kirche zu Bremen. Die Verbindung mit Stuhr kommt über das Gut Grolland zustande. Der Gutsherr von Grolland ist zu Zeiten des Bildersturmes (ca. 1522-1566) Ratsherr in Bremen und Kirchenvorsteher in St. Ansgarii gewesen. Gleichzeitig war er Parochialherr (bischöflich beauftragter Gemeindeverwalter) in Stuhr, wo noch heute in der Kirche das Wappen derer zu Grolland hängt. Als (nach 1523) der Bildersturm in Bremen losbrach, ließ der Gutsherr den Altar auf das Gut in den dortigen Kappellenraum bringen. Nachdem einige Zeit verstrichen war, stiftete er diesen der Stuhrer Gemeinde, die sich einen solchen Altar nicht hätte leisten können" (Theorie von Eugen De Porre, ehem. tätig im Staatsarchiv Bremen).

Aus der Baugeschichte

Die Stuhrer Kirche ist zwischen 1180 und 1187 entstanden und wurde St. Pankratius geweiht. Einer Urkunde aus dem Jahre 1187 zufolge, überwies Erzbischof Hartwig II. die Kirche zu Stuhr mit allen Einkünften und dem Bannrecht an das eben gegründete Ansgarikapitel in Bremen. Der zunächst aus Holz errichtete Bau wurde im 13. Jahrhundert durch das bis heute erhaltene, etwa 35 m lange, steinerne Gebäude ersetzt und erweitert. Aus den Untersuchungen der Kirchenrenovierung in 1964 und durch die Sanierung 1986/87 lässt sich nachweisen, dass dies in drei Bauabschnitten geschah. Am ältesten ist der romanische Chor, dann folgte das Schiff mit seinen frühgotischen Kreuzgewölben (Birnenstabrippen), schließlich der etwas später angefügte, wuchtige, gewölbelose Turm. Bis ins 18. Jahrhundert gab es zwei Haupteingänge: an der Nordwand den für die Frauen und gegenüber an der Südwand den für die Männer. Der Nordeingang ist heute zugemauert. Der Südeingang (durch das sog. „Kinderhaus", heute Sakristei) wurde als Haupteingang erst 1964 durch den verbreiterten Eingang im Turm abgelöst. Mitte des 18. Jahrhunderts wurde die Empore für die Orgel und eine Empore entlang der Nordwand (bis in den Chor) eingebaut. Letztere wurde 1964 wieder entfernt, was der Wirkung des Kirchenraumes sehr zugute kam.

Namenspatron

Der Heilige Pankratius („der alles Besiegende") erbte von seinem Onkel ein großes Vermögen und half damit verfolgten Christen. Als er selbst mit 14 Jahren vor die Wahl gestellt wurde, Christus zu verleugnen oder zu sterben, wählte er den Tod durch Enthauptung. Uns ist er heute vornehmlich als „Eisheiliger" (12. Mai) bekannt. Der katholischen Tradition folgend, wird er gern angerufen, wenn es um den Schutz vor Kopfweh und Falschaussage geht. Ob die mittlere Bekrönungsskulptur des Stuhrer Altares ihn darstellt, ist fraglich.

In der Kirche

Sie betreten die Kirche durch den Turm, in dem sich die Gedenktafeln mit den Namen der Toten des Zweiten Weltkrieges befinden. Im Inneren wird der Blick schnell vom 1992 renovierten Altar gefangen genommen, der um 1500 in bremischen Werkstätten entstanden sein soll und komplett aus Eichenkernholz geschnitzt

ist. Während der Mittelteil die Kreuzigung darstellt, finden sich links und rechts Szenen aus der Passion Christi. Wenn nun der Blick nach rechts schweift, entdecken Sie die in neuerer Zeit wieder freigelegten Wandmalereien. Die Darstellung der Hl. Veronika überdeckt dabei teilweise eine Weihekreuzdarstellung. An der Südwand des Chorraumes findet sich der Kampf des Hl. Georg mit dem Drachen. Eine zweite Figur lässt sich nicht eindeutig zuordnen. Es wird eine Märtyrerin sein.

Vom Chorraum aus fällt der Blick dann auf die Empore mit der von A. Führer gebauten Orgel und den „Apostelfiguren". Die meisten der 11 Figuren (aus dem frühen 15. Jahrhundert) lassen sich allerdings nur schwer zuordnen. Sicher lässt sich z.B. Petrus mit dem Schlüssel erkennen, oder auch Johannes der Täufer mit dem Lamm. Schwierig ist es, andere Figuren eindeutig zuzuordnen. Das Attribut Schwert z. B. wird in der Regel Matthäus, Matthias und Paulus oder auch Thomas beigegeben, während Philippus mit einem Kreuzstab (T-Kreuz) eindeutig zu identifizieren wäre. Mit dem Attribut der Keule können Judas Thaddäus oder Simon der Zelote gekennzeichnet werden oder auch Jakobus der Jüngere. Versuchen Sie doch selbst einmal, die Figuren mit Hilfe der Attribute zu identifizieren.

Die mechanische Schleifenladenorgel aus dem Jahr 1954 ist 1996 überarbeitet und um 3 auf 16 Register ergänzt worden. An der Nordwand

findet sich der „Grollander Stuhl", der ursprünglich oben auf der nun nicht mehr vorhandenen seitlichen Empore „stand". Direkt daneben hängt an der Wand zum Chor das Grollander Wappen. Die Herren vom Gut Grolland (1965 abgerissen) hatten eben mehr als andere.

Doch nicht nur weltliche Damen und Herren haben ihre Spuren in der Stuhrer Kirche hinterlassen. An der Südwand hängt das Epitaph der Ehefrau des Pastors Hermann Eiben (Hermannus Eibenius), welcher 1640 die erste Schule für Knaben in Stuhr gründet. Zum Ende seiner Amtszeit beginnt 1658 der Streit um das Kirchengestühl. Mit der Reformation hatten Bänke ihren Einzug in die Kirche gehalten und nun reichten diese nicht mehr aus. Es wurden Stühle angeschafft, welche angemietet werden mussten. Von da an hatte jeder seinen namentlich gekennzeichneten Platz. Männer auf der Süd- und Frauen auf der Nordseite. Die Schilder sind erst Anfang des 20. Jahrhunderts entfernt worden.

Die Kanzel stammt vermutlich aus dem Jahre 1615 und zeigt in den bemalten Feldern die vier Evangelisten. Die Wandvertäfelung zwischen Schalldeckel und Kanzelkorpus ist aus ästhetischen Gründen 1987 angebracht worden. Zu erwähnen ist noch, dass bei der Innenrenovierung 1964 im Boden des damals ausgehobenen Heizungskellers eine spätbronzezeitliche (ca. 800 v. Chr.) Urne gefunden wurde, so dass man davon ausgeht, dass die Kirche auf einer bald 3000 Jahre alten Kultstätte errichtet worden ist und die Erhöhung, auf der sie steht, natürlichen Ursprungs ist.

Personen und Geschichten

Für besondere Geschichten ist in Stuhr der um die Kirche liegende Friedhof eine wahre Fundgrube. Fängt es doch schon damit an, dass nicht jeder auf ihm beerdigt werden wollte. 1687 war das Recht auf Beisetzung im Kircheninneren abgeschafft worden. Doch noch 1732 wurde eine Tochter des Stuhrer Pastors Johann Hinrich Alberti im Alter von 14 Jahren im Inneren der St. Pankratius-Kirche beerdigt. Wir wissen davon, weil Pastor Alberti als erster begann in Stuhr Kirchenbücher zu führen.

Interessant war auch die Auswahl der Grabstätten geregelt. Starb ein Stuhrer, ging sein Nachbar auf den Friedhof und grub dort, wo es ihm günstig erschien. Warum denn den zuständigen Küster fragen? Als 1773 endlich Ordnung geschaffen werden sollte und dies mit Kosten verbunden war, kam es beinahe zu einem Aufruhr. Doch noch 1836 beschwert sich der Küster Windmüller, dass einige ihre Grabstellen anlegten, ohne ihn zu fragen oder zu benachrichtigen. Zu den Aufgaben der Küster, die seit

Geöffnete Kirche

Mitte des 18. Jahrhunderts meistens auch das Amt des Lehrers und oft noch des Organisten innehatten, gehörte zudem, Hühner und Schweine von den Gräbern zu vertreiben. Die Friedhofsmauer wurde nämlich oft durch Diebstahl von Ziegeln oder mutwillig beschädigt. Nocheinmal zurück zu Pastor Alberti (1716-1746). Dieser muss leider feststellen, dass die Hochzeits- und auch Beerdigungsgäste wiederholt schon beim Eintreffen in der Kirche „voll des Branntweins" und „halb rasend" sind. „Vorglühen" ist also keine Erfindung unserer Zeit. Auch sonst war es nicht immer die „gute alte Zeit". Im Jahr 1843 hat Pastor Meyer mehrfach die unangenehme Aufgabe, die Väter unehelicher Kinder zu ermitteln.

Die St. Pankratius-Kirche ist in der Zeit von Ostern bis zum Reformationstag für alle an Gebet, Architektur oder Stille Interessierten geöffnet. Gleich im Turm können Sie dem Klang des Uhrwerkes lauschen. Wenn Sie dann durch die Zwischentür den Kirchenraum betreten, wird Ihr Blick unwillkürlich auf den Passionsaltar fallen. Lassen Sie sich von der Atmosphäre gefangen nehmen und verweilen sie ruhig auch auf der Pilgerbank des Stuhrer Radpilgerweges, welcher alle 8 Kirchen der Kommune Stuhr miteinander verbindet.

Die aktuellsten Nachrichten und Berichte finden sie unter: www.kirche-stuhr.de

Stiftskirche St. Alexander Wildeshausen

Marketing war in allen Zeiten wichtig

Hartmut Berlinicke

Die älteste niedersächsische Urkunde über eine Heiligenüberführung ist gleichzeitig auch das älteste Schriftdokument zur sächsischen Stammesgeschichte und befasst sich mit der Überführung der Gebeine des heiligen Alexander von Rom in eine kleine Holzkirche nach Wildeshausen. Damals entsprach Papst Leo IV. (847-855) der Bitte des Grafen Waltberts, eines Enkels Wittekinds, um die Überlassung einer Ganzkörper-Reliquie zur Verbesserung der Infrastruktur des norddeutschen Wallfahrtswesens.

Waltbert war am Königshof Lothar I. in Aachen ausgebildet worden und hatte 850 das Grafenamt im Lerigau

übernommen. Er traf aus Rom mit den Gebeinen des hl. Alexanders am 7. Januar 851 in Wildeshausen ein.

Alexander war einer der sieben Söhne der heiligen Felicitas. Er wurde vor den Augen seiner Mutter im Jahr 110 n. Chr. auf Gebot von Kaiser Antonius durch den Präfekten Publius enthauptet. Seine Reliquie wurde in ein vorhandenes Holzkirchlein gestellt und wurde zu einem der frühesten Orte christlicher Religionsausübung in der Region.

Bald nach der Ankunft in Wildeshausen ließ der Graf eine neue kleine Kirche aus Stein errichten, die den Platz von Chorraum und Vierung der heutigen Kirche einnahm und bereits 853 durch ein Kanonikerstift als Monasterium (Kloster) erweitert wurde, welches der Graf als Familienstiftung gründete und 855 unter den besonderen Schutz von König Ludwig den Deutschen stellen ließ. Somit verfügte der wichtige Hunteübergang in Wildeshausen schon früh über eine ritterliche Dienstmannschaft.

Die Gebäude

Das älteste noch heute erhaltene Gebäude aus dem alten Klosterkomplex ist der Remter (eingedeutschter Begriff für Refektorium). Es handelt sich dabei um das Refektorium (Speisesaal eines Klosters) des Stiftes aus dem 10.

Innenraum

Im Innenraum ist die Abfolge der Bautätigkeit an den romanischen Gurt- und Schildbögen in den Seitenschiffen und an den gotischen Elementen im Hauptschiff, Querriegel und Chorraum (westfälische Gewölbeform) erkennbar. Vor den Fenstern der Seitenschiffe deuten Nischen auf frühere Seitenaltäre hin. Der Wallfahrtsort hat hier der Verehrung der Heiligen von Gilden und Bruderschaften des Mittelalters Raum gegeben. Von einem ehemaligen Lettner (steinerne Schranke, die den Raum für das Priester- oder Mönchskollegium vom übrigen Kirchenraum abtrennte) zwischen Chorraum und Hauptschiff der Kirche zeugt das unten abgesägte gotische Triumphkreuz noch heute.

Jahrhundert. Dieser Remter ist wahrscheinlich eines der ältesten Steingebäude Norddeutschlands. Die an den Remter angeschlossene Kirche beherbergt noch immer den alten Kapitelsaal der damaligen Stiftsherren. Er wird heute als Sakristei genutzt. Dort warten Fresken und Wandmalereien aus spätgotischer Zeit, ein Marienzyklus, Bilder aus dem Leben Jesu und ein Passionszyklus, auf eine sachgerechte Renovierung.

Früher begrenzte ein Kreuzgang den Stiftsbezirk, der aber bis auf ein noch erhaltenes Joch im frühen 19. Jahrhundert wegen seiner Baufälligkeit abgetragen wurde.

Die heutige Kirche, eine kreuzförmig angelegte Basilika, hat kleine romanische Rundbogenfenster. Später sind in der Schwedenzeit gotische Spitzbogenfenster ergänzt worden. Ein imposantes Backsteingemäuer steht als Westwerk auf einem Granitsockel. Der komplette heute sichtbare Kirchenbau wurde, nach dem Einsturz von zwei vorherigen Türmen ab 1219 ausgeführt.

Die ältesten Teile aus den Zeiten des Stifts sind ein kleiner Sakramentsschrank mit einem Kopfreliquiar des hl. Alexander, ein Taufstein aus dem 12. Jahrhundert, ein großer Reliquienschrank aus Sandstein, den das alte Christussymbol des Pelikan krönt, und ein ehemaliger Levitenstuhl.

All das wird übertroffen von einem spätgotisches Deckenmedaillon im Chorraum, welches eine Marienfigur als die Eva des Neuen Bundes deutet und auf die Marienverehrung der Stiftsherren im 15. Jahrhundert hinweist. Diese hat ihre Wurzeln in dem Aufenthalt der später heilig gesprochenen Brigitta von Schweden, die 1341 auf ihrer Wallfahrt nach Santiago de Compostella den Jakobsweg über Wildeshausen genommen hatte.

Durch die Veränderungen der Reformation wurde die Stadt Wildeshausen 1543 evangelisch, aber die Stiftherren hielten an der katholischen Liturgie fest. Im 30-jährigen Krieg kam es mehrmals zu Konfessionswechseln, zumal die Stadt und das Stift dem unehelichen Sohn Gustav Adolfs, Gustav Gustavsohn, Graf von Wasaburg, zugesprochen wurde.

Die Stiftsherren verlegten ihre Stiftung 1699 nach Vechta und die Alexanderkirche wurde endgültig evangelisch. Bis zum heutigen Tag ist die Kirche Eigentum der Oldenburgischen Kirche und nicht im Besitz der Ortskirchengemeinde.

Gesamtkunstwerk

Einmalig für ein romanisch-gotisches Kirchengebäude ist die Jugendstilausmalung, die vor hundert Jahren von dem Oldenburger Glasgestalter Karl Georg Rohde (1874-1959) entstand. Es gelang ihm, einen Zusam-

nicht enthauptet sondern gekreuzigt wurde. Der Künstler Rohde konnte mit diesem Kunstgriff eine Brücke zu der Passion Christi in seine Gestaltung einfügen.

Es gelang mit Hilfe des Oldenburger Baurates Carl Ferdinand Adolf Rauchheld (1868-1932) und dem Archi-

menhang zwischen der mittelalterlichen Tradition und der neuzeitlichen Denkmalspflege herzustellen ohne die christliche Verkündigung aus den Augen zu verlieren.

Er fasste das „spätgotische Medaillon", das Chorfenster mit dem segnenden Christus, den Altar als offene Paradiespforte, die Kanzel mit den Lebensaltern, das Barmherzigkeitsfenster im Südschiff und die Rosette im Westturm durch symbolische Wandmalereien zu einem Gesamtkunstwerk zusammen. Die Strophe „Heut schließt er wieder auf die Tür zum schönen Paradies, der Cherub steht nicht mehr davor – Gott sei Lob Ehr und Preis" des Weihnachtsliedes „Lobt Gott ihr Christen alle gleich" von Nikolaus Herman beschreibt die Absicht dieser Gestaltung in aller Kürze sehr treffend. Bemerkenswert ist das im Altarfenster gestaltete Martyrium des Alexanders von Lyon, der im Gegensatz zum Ortsheiligen jedoch

tekten Alexander Former ein einmaliges ökumenisches Denkmal zu schaffen, welches durch den Oldenburger Großherzog als obersten Kirchenherrn zu finanzieren war.

Erneut ist heute ein erfolgreiches Marketing gefragt. Die Wunderkraft der Reliquie hilft nicht mehr, ebenso wie die Spenden für das Seelenheil ausbleiben. Glücklicherweise haben bislang Mittel der Denkmalspflege geholfen. Doch reichen sie nicht, diese einmalige Symbiose zwischen Romanik und Jugendstil wieder herzustellen. Denn die kalte funktionale Bronzekanzel muss wieder durch die Sandsteinkanzel von Rohde, die im Museumsdorf Cloppenburg lagert, ersetzt werden. Die Bänke sind in alter Fassung herzustellen. Das den Altaraufsatz verdeckende bronzene Altarkreuz sollte auf den südlichen Seitenaltar aufgestellt werden. Die Orgel, ohnehin einer notwendigen Erneuerung bedürftig, sollte auf der Westempore wieder den Blick auf die Fensterrosette freigeben.

Viele Gottesdienste werden von der Gemeinde gestaltet. Mehrere musikalische Gruppen, eine Theatergruppe sowie kreative Jugend- und Kindergruppen bieten Gelegenheit zur Erfahrung von Gemeinschaft. Die Alexanderkirche ist täglich bis 18 Uhr geöffnet.

Homepage: www.ev-kirche-wildeshausen.de

Abbildungsnachweis

Folgende Fotos wurden uns von der jeweiligen Gemeinde zur Verfügung gestellt: Seite 12, 20, 27, 46, 47, 48, 49, 50, 51 unten, 53 unten, 63 unten, 64 rechts, 65, 66, 72 unten, 79, 80 und Rückseite Hude.
Folgende Fotos sind von Dietmar Bödeker: Seite 4, 9, 14, 15, 23 oben, 27 oben, 28, 29, 30, 31, 36, 42, 43 rechts, 51 oben, 53 oben, 62, 73, Titelbild Dötlingen und Rückseite Holle.
Folgende Fotos sind von Stephan Meyer-Schürg: Seite 5, 7 rechts, 16, 21, 34, 35 unten links, 41, 57, 78 links, 83 und Rückseite Wildeshausen.

Alle anderen Fotos dieses Buches stammen von Jürgen Woltmann.

Die Bilder außerhalb der Kapitel zeigen folgende Kirchen: Titelseite: Kirche Dötlingen und Taufstein aus Ganderkesee; Rückseite: Delmenhorster Grafenwappen an der Kanzel in Hasbergen; kleine Fotos v.l.n.r.: Orgel in Huntlosen, Wandmalerei in Hude, Münstermann-Figur an der Kanzel in Holle, Turmuhr in Wildeshausen. Seite 4: Kirche in Hasbergen; Seite 5: Kirche in Stuhr.

Autorenverzeichnis

Wir bedanken uns ganz herzlich bei den Autoren der zwölf Kapitel: **Reiner Backenköhler, Michael Kalisch, Thomas Meyer, Hartmut Lübben, Michael Ohms, Robert Vetter** und **Susanne Wöhler** sind jeweils Pfarrer(in) an der von ihnen beschriebenen Kirche. **Dietrich Jaedicke** ist darüber hinaus Kreispfarrer des Kirchenkreises Delmenhorst/Oldenburg-Land. **Gundolf Krauel** war 14 Jahre lang Pfarrer in Holle und arbeitet seit dem Jahr 2010 in der Gemeinde Rastede. **Hartmut Berlinicke** ist Religionspädagoge, Diakon und Künstler, als Kirchenältester ist er der Wildeshauser Kirche eng verbunden. **Wolfgang Mertens** ist Uhrmacher und beschäftigt sich intensiv mit der Geschichte der Gemeinde Hatten. **Dr. Klaus Helbig** ist Studienrat und Kirchenältester in Stuhr.
Ein spezieller Dank geht an **Iris Dahlke**, die im Verlag Isensee überaus engagiert und gründlich am Layout gearbeitet hat.

Der Fotograf: **Jürgen Woltmann** ist freiberuflicher Fotograf und Autor zahlreicher Bildbände. Er lebt in Großenkneten und ist mit dem Oldenburger Land eng verbunden.

Die Herausgeber: **Dietmar Bödeker** war über viele Jahre Kirchenältester der Kirchengemeinde Hasbergen, Mitglied der Kreissynode und Leiter des Bläserkreises Hasbergen. Er beschäftigt sich intensiv mit der Geschichte seiner eigenen und der benachbarten Kirchen. **Stephan Meyer-Schürg** arbeitet als Pfarrer in Hasbergen und hat einen Arbeitsschwerpunkt im Bereich Kirchenpädagogik. Er ist im Jeverland mit alten norddeutschen Kirchen aufgewachsen und dieser Liebe treu geblieben.